이현화

1994년부터 거의 쭉 출판편집자로 살았다. 인문교양서와
문화예술서를 주로 출간하는 여러 출판사에 다니며 관련
분야의 책을 꾸준히 만들어 왔다. 2017년 6월 오래되고 낡은
한옥 한 채와 인연이 닿아 이 집에서 출판사를 열기로 결심,
2018년 4월부터 출판사 '혜화1117' 대표가 되었다. 지금은
약 일 년 반 동안 고쳐 지은 한옥에서 책을 만들며 살고 있다.
한옥을 수선하고 출판사를 차리기까지의 과정을 사진과 글로
기록한 책 『나의 집이 되어 가는 중입니다』의 글을 썼다.

작은 출판사 차리는 법

작은 출판사
차리는 법

선수 편집자에서 초짜 대표로

이현화 지음

한 뼘씩 자라는 출판사를 위하여

작은 출판사 혜화1117을 시작한 지 만 2년이 되어 간다. 이 책이 나올 무렵이면 3년 차에 접어든다. 시작할 때는 한 달에 200만 원 버는 게 목표였다. 그렇게만 된다면 정성껏 책을 만들며 소박하게 살 수 있을 테고, 그럼 만족할 것 같았다. 지금은 어떨까. 생각이 달라졌다. 돈을 더 벌고 싶다는 뜻이 아니다. 출판은 나 혼자 좋자고 하는 일이 아니라는 걸 깨닫게 되었다. 저자들은 출판사 대표의 소박한 삶을 위해 책을 내는 게 아니다. 나는 더 널리, 더 많이 책을 알리고 팔아야 할 책임이 있다. 그 의무감의 각성이 나의 고민이 된 지 오래다. 이걸로 끝일까? 아닐 것이다. 연차가 더해질수록, 만든 책이 쌓일수록 '벽돌깨기'처럼 또 다른 숙제가 주어질 것이다. 지금은 모르지만 그때는 풀어야만 하는 새로운 과제가. 그렇게 단계마다 등장하는 미션을 완수하는 것이 앞으로 내가 걸어야 할 길일지도 모르겠다.

어떤 행위에는 목적이 있게 마련이다. 이 책을 쓴 것역시 그러하다. 출판사를 시작한다고 하니 많은 분이 도와주셨다. 먼저 시작한 작은 출판사 대표들도 조언을 아끼지 않았다. 그런데 내가 기초반이라면 그들은 이미 심화반이었다. 조언 가운데 상당 부분이 너무 '고급 정보'였다. 시작할 때 어떻게 했는지는 기억이 나지 않는다고들 했다. 당장 내가 해결해야 하는 일이 그들에게는 이미 오래전 일이라 기억 저편으로 사라져 버린 상태였다.

처음 이 책을 써 보라는 제안을 받았을 때 사양하는 제스처조차 보이지 않았던 것은 그 때문이었다. 내가 듣고 싶었으나 누구에게 선뜻 물어보지 못한 이야기, 나는 지금 이런 심정인데 이 사람은 그때 어땠을까 궁금했던 것들을 나 역시 기억 저편으로 보내기 전에 필요한 이들에게 들려주고 싶었다. 그러니 이 책은 실용적인 정보를 자세히 모은 책은 아니다. 25년 가까이 편집자로 일하면서 출판사 안에 오래 있었지만 정작 출판사를 시작하려니 낯선 별에 떨어진 것만 같았던 날들을 있는 그대로 기록한 책이다. 처음 시작할 때 내가 겪은 좌충우돌의 시간이 처음 시작하는 누군가에게 도움이 되길 바라는 마음이 이 책의 출발점이다.

내숭, 연출, 전략, 이런 것과 거리가 먼 삶을 살았다. 특별히 사람이 정직해서라기보다 머리가 좋지 않아서다. 전략대로 하다가 작은 변수라도 만나면 내가 짠 전략이 무엇이었는지 생각나지 않는다. 그러니 애초에 그런 건 나에게 필요 없음을 일찌감치 깨달았다. 그럼에도 '저자 교정'을 보고 있자니 너무 '날것'을 보여 주는 것 같아 민망하기도 하다. 몇 년 지나면 '이렇게까지 솔직할 필요는 없었잖아?' 하며 후회할지도 모른다. 그러나 그때는 그때고 지금은 지금이다.

혜화1117을 시작할 때 도와줬던 분들을 잊지 않는다. 이름을 쓰자니 무슨 연기대상 수상소감처럼 보일 것 같아 생략한다. 그분들이라면 내 마음 아실 거라 믿는다.

어디가 어딘지 알 수 없는 길을 걸을 때마다 반짝이는 별빛에 의지하며 나는 오늘도 조금씩 전진 중이다. 그 별빛은 '작은 출판사'를 먼저 시작한 모든 선배들이다. 앞으로 다가올 새로운 과제를 푸느라 오늘의 일을 잊기 전에 남기는 이 기록으로 내가 '선배'들에게 받은 고마움의 빚을 조금이라도 갚고 싶다.

뜻밖에 친애하는 유유에서 두 번째 책을 내게 되었다. 조성웅 대표야 말할 것도 없고, 내 인생 최초의 편집자가 된 전은재 씨 역시 잊지 못할 이름이 되었다.

"바람이 한 번 스칠 때마다 나무들이 한 뼘씩 크는 것 같네."

언젠가의 봄날. 나란히 앉아 감나무 과수원을 내려다보던 아버지가 말씀하셨다. 그 혼잣말을 옆에서 듣고 있던 나는 보드랍고 여린 그 마음이 내 아버지의 것이라는 게 참 좋았다. 평생 글 옆에 살게 된 건 아버지로부터 계승된 선천적 DNA 덕분이다.

"사방에 막대기를 휘둘러도 걸리는 사람이 아무도 없다."

엄마는 자주 허허벌판에 선 것 같았나 보다. 이 혼잣말을 내가 기어이 길 보낸. 출판사를 차린 뒤 광야에 서 있는 느낌이 들 때마다 엄마의 혼잣말이 떠올랐다. 광막한 땅에서 피 한 방울 섞이지 않은 시집 식구들을 건사하며, 삶의 전부인 어린 자식들을 키워 낸 엄마의 인내와 투지를 보고 자랐다. 돌이켜보니 그것은 그대로 나의 후천적 DNA에 계승되었다. 인간으로서 존엄을 유지하고, 여성으로서 주체적 삶을 살기 위한 나의 노력은 엄마로부터 비롯된 것이다. 자식이 다 그러하듯 나의 모든 것이 그렇게 나의 아버지 이강덕, 나의 엄마 김수옥자로부터 비롯되었다. 이 작은 책의 이 지면에 두 분 이름을 올리는 것으로 연약한 육신에 갇힌 괴로움, 외로움을 잠시라도 잊으셨으면 좋겠다.

봄날 새싹 같은 조카 이하윤, 이정윤의 성장이 요즘 나의 기쁨이다. 부디 책의 시민으로 잘 자라 '화조도를 그린 합죽선'과 파버카스텔 60색 색연필을 사 주던, '끝말잇기'와 '가위바위보 안 쉬고 열 번 하기'를 함께 하던 이 무렵의 고모가 분투하며 만들어 낸 책들의 독자가 되어 줄 언젠가의 그날을 기다린다.

회사 밖으로 나가는 모든 문장을 소리 내어 읽는다. 한 줄짜리 홍보 문안부터 서너 장짜리 보도자료까지. 이 책 역시 초고부터 저자 교정지까지 몇 번이나 소리 내어 읽었다. 그때마다 들어 주는 이가 있다. 숨 쉬는 것부터 잠자는 것까지 나의 모든 걸 지지해 주는 '그'에게 감사한다.

2020년 봄,
혜화1117 작업실에서
이현화

1
{ 2018년 4월 5일, 작은 출판사 대표가 되다 }

　4월 5일은 식목일이다. 초등학교 때부터 나무 심는 날이라고 해서 때로는 놀기도 하고, 때로는 반 전체가 뒷산에 올라 나무를 심기도 했던 날. 수십 년을 숱하게 보낸 식목일은 2018년 나에게로 와 인생 대전환의 날이 되었다. 2018년 4월 5일, 나는 출판사 대표가 되었다. 이게 도대체 무슨 일인가. 시작한 지 2년이 다 된 이 시점에도 이 사실이 아주, 자주, 많이 얼떨떨하다.

　내 나이 서른여덟. 그해 가을, 터키로 여행을 갔다. 이스탄불에 한동안 머물다 야간 버스를 타고 히에라폴리스라는 고대도시에 굳이 꾸역꾸역 찾아갔다. 숙소에서 조금만 걸어가면 야트막한 산이었다. 산보다는 뒷동산이 맞겠다. 이른 아침마다 그 뒷동산에 올라 한참 앉아 있다 내려오곤 했다. 마지막 날이었다. 그날따라 저 멀리 보이는 작은 집에서 아침 준비가 한창이었다. 나이 지긋한 여인이 마당에 나와 뭘 씻고 흘려보내는 물소리가 앉아 있는 곳까지 들렸다. 어제까지만 해도 정지 화면 같던 풍경이 살아 있는 현실로 여겨졌다. 바람 소리, 나무 흔들리는 소리, 새소리에 여인의 물소리. 거기에 청명한 공기, 파란 하늘까지. 휴가지에서 누리는 고요한 시간에 갑자기 평소 나의 아침이 겹쳐졌다.

'아침에 눈 떠서 이렇게 느긋한 시간을 보낸 게 도대체 얼마 만인가.'

어쩌면 2018년 식목일의 특별함은 그날, 이름 모를 그 아낙의 아침 준비로부터 비롯된 것일지도 모르겠다. 때는 바야흐로 마흔을 코앞에 두고 있었다. 출판사 편집자로 일하기 시작한 건 스물다섯 무렵부터였다. 나는 내 일을 사랑했다. 내 사랑에 충실했고, 성실했다. 아침에 잠에서 깨면 눈 비비고 일어나 옹달샘 토끼가 세수하듯 대충 씻고 나가 종일 회사에서 일했다. 직장이며 조직에서 일어날 법한 온갖 희극 같은 상황이 엇박자를 내는 와중에도 열심히 일했다. 히에라폴리스 뒷동산에서 이름 모를 아낙의 아침 준비 물소리를 듣고 있자니 주마

등이 이런 건가 싶을 정도로 지나온 시간이 휙휙 지나가고, 온갖 생각이 꼬리에 꼬리를 물었다. 그 꼬리의 끝에서 나에게 남은 물음표는 대략 이런 것이었다.

'언제까지 지금처럼 맹렬하게 일할 수 있을까?'

멋있게 쓰긴 했지만 핵심은 이거였다.

'과연 언제까지 회사를 다닐 수 있을까?'

길어야 10년? 자신 없었다. 지금이야 몸 바쳐 열심히 일하고 있지만 청춘의 시절을 보낸 뒤에도 회사에 남아 있을 수 있을까? 꼬리는 그것으로 끝이 아니었다. 회사를 그만두고 난 뒤에도 나는 편집자로 살 수 있을까? 편집자는 단독 생산자가 아니다. 저자가 있어야만 존재할 수 있다. 저자는 '회사'가 아닌 '개인'과 책을 만들 수 없다. 회사를 떠난다면 편집자로도 살 수 없다. 또 10년이 지나도 지금처럼 내 일이 재미있을까? 그다음에는 뭘 하며 살지? 그건 그렇고, 이렇게 평온한 아침 시간이 나에게 있었던가. 이런 시간을 일상으로 누리고 살려면 어떻게 해야 할까?

뒷동산에서 일어나 짐을 싸고 나와 다시 버스를 타고 이스탄불로 가서 비행기를 타고 한국으로 돌아오는 내내 머릿속은 꼬리의 행렬로 아주 시끄러웠다. 나는 돌아오자마자 보험회사 다니는 후배를 만났다.

"10년 후에 회사를 그만두려면 지금부터 뭘 준비하는 게 좋을까?"

답은 간단했다.

"무조건 돈을 모으세요, 그리고 최소한의 생계를 유지할 일을 찾으세요."

그렇지, 돈을 모아야지. 그 자리에서 새로 나온 연금 상품 가입 서류에 사인을 했다. 그리고 또 뭐가 있어야 한다고? 그렇지, 할 일이 있어야지. 나는 '최소한의 생계를 유지할 일'을 찾기 시작했다. 이미 책 만드는 일 말고는 할 줄 아는 게 없는 몸이 되어 있었다. 뭘 하지? 글 쓰는 일? 앞으로 10년 동안 백만장자가 되지 않으면 그걸로 생계를 유지하는 건 불가능했다. 출판사 편집자 월급은 그러기에는 너무 뻔했다. 정말 열심히, 최선을 다해 생각했다. 외주 교정지부디 독시지도사까지 책과 소금이라도 관계있는 일은 다 떠올려 보았다. 꼬리가 다시 춤을 췄다. 꼬리의 끝에 떠오른 생각 하나.

'인생 전반전은 책을 만들었으니 후반전은 책을 팔면서 사는 건 어떨까?'

오! 그럴듯했다. 그러고 보니 꼬꼬마 시절 엄청나게 길었던 꿈 목록 가운데 하나가 책방 주인이었다.

'오케이, 좋았어!'

그렇다면 한 달에 얼마면 살 수 있을까? 150만 원? 그 정도 수입이면, 살 집만 있으면 그럭저럭 이 한 몸 인간답게 살 수 있을 성싶었다. 또다시 외쳤다.

'오케이, 좋았어!'

그 뒤로 세월이 흘러 어느덧 2017년이 되었다. 그동안 뭘 했을까? 나는 원래 계획을 잘 세우는 사람이다. 20대 시절 이미 60대까지의 계획을 다 세웠던 나다. 계획을 세우다 보니 60대 이후에는 할 일이 없었다. 아, 나는 69살에는 죽어야겠다는 생각을 할 정도로 계획적이었다. 일상의 일들이야 계획에서 어긋나는 게 일상다반사였다. 출근할 때 택시 타지 말자, 이번 달에는 꼭 산에 올라야지, 외국어 시험 점수를 기필코 올리겠어, 올해 안에 5킬로그램을 빼고 말리라…… 이런 건 계획을 세웠다는 것조차 기억 못 하는 게 인간적이다. 나는 충분히 인간적인 사람이다. 그렇지만, 머나먼 영겁의 세월이 흐른 뒤에나 도달할 것 같은 10년 후를 위한 계획은 착착 실행해 나갔다. 그사이 경기도 신도시 이쪽 아파트를 사고 팔아 저쪽 아파트로, 다시 그 아파트를 팔고 또 다른 아파트로 이사를 했다. 그러면서 대출을 받고, 갚고, 또 대출을 받고, 또 갚았다. 그때마다 은행 이자보다 조금 높은 이익을 보았다. 딱히 돈 쓸 데도 없어서 적금 만기가 벌써 몇 번째 돌아오고 있었다.

책방 주인이 될 준비도 필요했다. 이 준비를 한답시고 나는 틈나는 대로 세계 곳곳을 쏘다녔다. 책방 주인이 되겠다는 결심을 하기 전에도 여행을 심심찮게 다니긴 했지만 그럴싸한 이유까지 생겼으니 더 자주 인천공항 행 리무진 버스에 올라탔다.

'편집자 출신이 하는 책방이라면 뭐가 달라도 달라야 하지 않아?'

이른바 책방 탐방을 위해 떠나는 개인적 사유의 출장이었던 셈이다. 명분은 만들기 나름이다. 준비는 그걸로 충분하지 않았다. 그럼 또 뭘 했느냐. 땅을 보러 다녔다. 키 작고 통통한 몸집에 선글라스 끼고 무턱대고 지역 소도시 부동산중개소 문을 밀고 들어가 집 나온 거 있냐고 물어보고 다니는 여자를 봤다면 그건 나다. 수도권 바깥 지역 여러 도시를 틈날 때마다 돌아다녔다. 이유는 간단했다.

아무리 계산기를 두들겨 봐도 책방을 운영하면서 월세까지 감당할 자신이 없었다. 더구나 그때는 도서정가제가 시행되기 전이었다. 책을 팔아서 한 달에 150만 원을 벌기란 결코 쉬운 일이 아니었다. 게다가 물가는 계속 올라 처음에 150만 원으로 시작한 최저 수입액의 마지노선은 200만 원으로 상향 조정되었다. 그렇다, 나는 현실을 직시하는 사람이다. 더군다나 책방 공간을 따로 마련한다는 건 집과 일터가 분리된다는 뜻이고, 그 건 곧 출퇴근을 해야 한다는 말이었다. 그거야말로 '노 땡큐'였다. 나는 쉰 살이 넘어서까지 출근 시간마다 허 둥거리며 살고 싶지는 않았다.

그러자면 결론은 하나였다. 책방과 살림집이 붙어 있어야 했다. 아파트에 살면서 책방을 할 수는 없었다. 5층짜리 건물 하나를 마련해서 1층에 책방을 내고 2층 에 살림집을 차린 뒤, 그 위로는 임대를 내주고 월세를 받는 그림은 아름답지만 현실 가능성 제로였다. 나로서 는 작은 단독주택을 사거나 지은 뒤에 그 안에서 해결 하는 수밖에 없었다. 할 수 있다면 서울 또는 수도권이 좋겠지만, 내게 그럴 돈이 있을 리 없다. 미션 임파서블. 그러자면 지역으로 가야 했다. 이게 내 결론이었다. 그 렇게 하여 나는 땅 보러 다니는 여자가 되었다. 참으로 많은 도시를 전전했다. 그 이야기만 써도 책 한 권이다. 그때 다녔던 작은 도시 어느 한 곳에 내가 떠올리던 책 방을 꾸렸다면 나는 진작 유명인사가 되었을 거고, 지역 유지가 되어 있을 거다(라고 착각이라도 해야 그 미련 을 접을 수 있겠다).

지역 도시만 찾아다닌 것이 아니었다. 2003년 초, 파주출판도시가 허허벌판이던 때부터 그곳에서 일했다. 2017년까지 이쪽에서 저쪽으로 두어 번 옮겨 다니기는 했지만, 그래도 대부분의 시간을 파주에서 일했다. 서울로 외근 나오는 일이 잦았다. 오가는 시간을 아끼려고 한 번 나올 때 두세 건씩 약속을 잡았다. 일정이 일찍 끝나거나 약속 중간 짬이 날 때면 발길 닿는 대로 가까운 골목길을 걸어 다녔다. 하다 보니 재미가 붙어 주말에도 골목 산책을 이어 갔다. 그러다 언젠가부터 맘에 드는 동네 부동산중개소를 찾아다니곤 했다. 전망이 어떤지도 들어 보고, 괜찮다고 추천해 주는 집들을 둘러보기도 했다.

그렇게 서울은 물론 지역 곳곳으로 집과 땅을 보러 다니는 동안 동네와 집에 대한 내 취향을 알게 되었다. 그렇게 발견한 취향에 딱 맞는 곳이 꽤 있었다. 동네도 집도 다 좋았다. 결단만이 남았다. 결단을 내릴 돈이 없다는 게 문제였다. 그때 내 눈에 들어왔던 곳은 다들 힙한 동네가 되었다. 안목은 있으나 돈이 없었으니 나는 부자가 될 수 없었다.

2017년 여름. 그날도 그렇게 하릴없이 동네 산책 겸 부동산 나들이를 하러 다니던 와중이었다.(출판사 차리는 책이라더니 부동산 이야기만 하고 있느냐고 물으신다면 이제 거의 다 왔노라 말씀드리고 싶다. 조금만 더 읽어 보시라.) 부암동을 거쳐 구기동과 혜화동 골목을 돌아다녔다. 며칠 전 서울 종로구 성균관대학교 인근 부동산중개소 유리문에 '한옥 급매' 안내판이 붙었다는 정보를 입수했지만 별 기대는 없었다. 보나마나 내가 감당하기에는 너무 비싸거나 큰 집일 테니까. 구경이나 해 보자는 마음으로 부동산중개소 문을 밀고 들어갔다. 그리고 다 쓰러져 가는 집 한 채를 만났다.

나는 첫눈에 반하는 일 따위는 내 인생에 없을 거라 생각했다. 그런데 남편을 보고 첫눈에 반했고, 만난 지 한 달 만에 내가 먼저 프러포즈해서 석 달 만에 결혼했다. 그 뒤로 그런 일은 다시는 없을 줄 알았다. 그런데 이 집에 그만, 마음을 뺏겼다. 1936년 일제강점기에 지어진 낡고 허름한 한옥. 지어진 뒤로 크게 손본 적이 한 번도 없어서 원형을 잘 간직한 집. 결단을 내릴 때가 되었다고 온 우주의 기운이 나에게 속삭였다.

문제가 없지는 않았다. 있는 돈 없는 돈 다 끌어모아도 넉넉하지가 않았다. 엄두도 못 낼 정도라면 포기하면 되는데, 아슬아슬하게, 어떻게 해 보면 될 것도 같아 포기가 되지를 않았다. 더 큰 문제는 따로 있었다. 골목을 세 번 돌아 들어가야 하는 이 집은 책방을 하기에는 위치가 영 아니었다. 지난 10년간 이 몸은 장차 책방을 할 몸이올시다, 외치며 살아왔는데 정작 내 맘을 빼앗은 건 책방을 할 수 없는 집이라니. 이게 무슨 운명의 장난이란 말인가. 책방이냐, 집이냐.

문제는 또 꼬리를 물었다. 이 집은 돈 주고 산 뒤에 뚜벅뚜벅 걸어 들어가 당장 밥해 먹고 잠자며 살 수 있는 상태가 아니었다. 있는 돈 없는 돈 다 끌어다 집을 샀다면 꼭 그만큼의 돈을 더 들여서 다 고쳐야 하는 상태였다. 전 재산 터는 것도 모자라 빚을 내서 고쳐야 들어가 살 수 있는 집. 나는 상황을 정리해 보았다.

그동안 모아 놓은 현금과 살던 아파트를 정리한 뒤 지역 도시 어딘가에 단독주택 하나를 사서 고치거나 땅을 사서 작은 집을 지은 뒤 약간의 현금을 남겨 놓고, 그걸로 책방을 시작해서 소박하게 사는 것이 애초의 꿈이자 계획이었다.

그런데 지금 내 앞에 주어진 상황은 어떠한가. 가진 것 다 털어 서울 종로의 오래된 한옥을 사서 고치면 현금이 남기는커녕 빚을 져야 한다. 그렇게 마련한 집은 책방을 하기에는 불가능한 곳이다. 이 집을 산다고 치자. 그럼 나는 뭘 하며 살아야 하는가? 근원적인 물음표가 다시 소환되었다. 물음표의 꼬리는 또 꼬리를 물었다.

'이 집을 전 재산 다 털어 고쳐 놓고 나는 지금처럼 회사에 출근을 해? 낮에는 집을 비워 두고? 그러려면 집을 왜 사고 왜 고쳐?'

이 집을 안 사면 그만이었다. 발걸음을 돌려 원래 예정대로 칼국수 사 먹고 집으로 돌아가는 광역버스를 타면 될 일. 한옥은 지금까지 그래 왔듯이 구경 한번 잘했다, 하고 잊으면 될 일이었다. 그런데 마음은 이미 다음으로 넘어가 있었다.

'이 집에서 일하면서 살 거라면 무슨 일을 할 수 있지?'

어떤 생각이 불현듯 머리를 스쳤다.

'이곳에 작은 출판사를 차려 보면 어떨까?'

제대로 진지하게 생각하지 않았던 일이었다. 그런데 참 이상하지? 지난 10년 동안 책방을 할 거라고 동네방네 떠들고 다니면서도 마음 한쪽은 은근 불안했다.

'그걸로 과연 먹고살 수 있을까? 내 성격에 손님들과 잘 지낼 수 있을까? 맘에 안 드는 손님을 만나도 싫은 표정 안 짓고 지낼 수 있을까?'

싫고 좋고가 지나치게 확연히 드러나는 나였다. 남편은 만난 지 3초 만에 이 여자가 자신한테 반했다는 걸

간파했다고 했다. 좋은 걸 어떻게 감추고 사나? 싫은 걸 어떻게 감추고 사나? 그게 늘 불안했다. 그런데 이 집에서 작은 출판사를 차려서 책을 만드는 내 모습을 떠올리니 아주 그냥 마음에 쏙 들었다. 떠올리기만 해도 마냥 좋았다. 집을 보고 나서 일주일 뒤에 결단을 내렸다. 이집을 사기로. 동시에 출판사까지 직접 해 보기로 마음먹어 버렸다. 오지도 않은 10년 후의 계획을 미리 세울 정도로 치밀하고 용의주도한 나는 어디로 가고 '에라, 뭐 어떻게 되겠지' 하고 덜커덕 작정해 버린 내가 매매계약서 앞에 앉아 있었다. 어디선가 대책 없고 근거 없는 긍정과 낙관의 바람이 불어와 이미 내 맘속을 휘젓고 가 버렸다. 세상 누구도 나를 말릴 수 없었다.

출판사를 다니면서 내 회사를 차리겠다는 생각을 단 한 번도 안 해 봤다면 거짓말이다. 주변에는 이미 오래 전부터 다니던 회사를 박차고 나가 자신만의 회사를 만든 이들이 수도 없었다. 이스탄불에 다녀와 10년 후를 계획할 때 출판사를 얼핏 떠올리기도 했다. 하지만 서른여덟 무렵의 나는 두루두루 자신이 없었다. 과연 책만드는 일을 10년 뒤에도 재미있게 할 수 있을까? 그럴수 없을 것 같았다. 재미는 핑계일 뿐 새로운 기획을 내힘으로 줄기차게 해 낼 수 있을까? 그건 더 힘들 것 같았다. 쉰 살 언저리에 접어들어 출판사를 차렸는데 책을 만들어 낼 능력이 없으면 오도 가도 못하는 상황이 될 게 뻔했다. 서른여덟의 나는 쉰 살 먹은 나를 그 시험대에 올려 두고 싶지 않았다. 출판사를 차리면 하루 스물네 시간 일만 해야 할 것 같아 겁도 났다. 나는 평생 그렇게 허리 꼬부라지게 일만 하며 살고 싶지 않았다. 되도록 더 먼 곳으로 더 긴 시간을 놀러 다니고 싶은데 자나 깨나 무한책임을 져야 하는 회사라니, 생각만 해도 무시무시했다.

그건 또 약과였다. 내가 다니던 회사는 그래도 이름을 대면 알 만한 곳이었다. 누군가에게 함께 책을 만들고 싶다고 제안할 때 다니는 회사를 설명하는 일은 생략해도 되었다. 그런데 독립해서 출판사를 차린다면 그 일부터 시작해야 했다. 내가 누구인지 설명해야 하는 그 과정의 어색함과 민망함은 떠올리기만 해도 얼굴 붉어지는 일이었다. 도저히 감당할 용기가 나지 않았다.

출판사 차리는 일이 불가능한 이유는 더 있었다. 출판 일은 오래 했어도 책상에서 책만 만들며 살았다. 출판사를 차리면 제작부터 홍보, 마케팅은 물론이고 회계까지 내가 다 해야 했다. 나는 영업은커녕 숫자라고 하면 낫놓고 기역자도 모르는 사람이었다. 10여 년 전 갓 부장이 된 나는 영업부에서 분기마다 영업분석 자료를 보내오면 도대체가 이것이 무슨 소리인지 첨부파일을 열기 전부터 머리가 아파 왔다. 총무부에서 확인해 달라는 저자 인세 내역서의 숫자는 어떻게 된 것이 계산기를 두드릴 때마다 달라져서 애를 먹었다. 그걸 내가 다 감당한다는 건 하늘이 노래지는 일이었다. 그래서 아주 잠깐, 출판사를 생각했다가 검은 펜으로 벅벅 그어 지워 버리고 말았다.

하지만 10년 사이에 세상이 달라졌다. 약진하는 작은 출판사들이 출판계에 포진해 있었다. 이름 있는 회사의 장점은 분명하지만 작은 출판사의 장점 역시 무시할 수 없는 세상이 되어 있었다. 수요가 있는 곳에는 인프라가 구축되게 마련이다. 이미 작은 출판사의 경쟁력이 어느 정도 검증된 까닭에 내링 서점과 온라인 서점에서는 신규 거래 방법을 매뉴얼로 정리해 놓았고, 대부분 온라인으로 거래가 가능했다. 적극적으로 영업을 해 보려고 외주 영업자 시스템을 활용하는 작은 출판사도 늘어나고 있었다. 제작의 번거로움을 덜어 주는 대행업체는 물론이고, 유통부터 회계 업무까지 분야별로 다양하고 전문적인 서비스를 제공하는 곳이 많이 생겼다. 할 수 있는 일과 없는 일의 경계만 스스로 잘 받아들이면 용기를 내

봐도 될 것 같았다.

나도 달라져 있었다. 지난 10년 동안 점점 책임 있는 직함을 달며 회사를 운영하려면 어떤 과정을 거치는가, 어느 수준의 매출 구조를 만들어 내야 하는가에 개입하게 되었다. 10년 동안 늙기도 했지만 성장도 했던 셈이다. 미처 예상치 못한 부분도 있었다. 만들고 싶은 책이 여전히 많다는 사실이었다. 30대 후반의 나는 50대가 되면 늙고 기운이 없어 새로운 일을 못 만들어 낼 줄 알았지만, 막상 쉰 살을 눈앞에 둔 나는 여전히 마음은 청춘에 하고 싶은 일이 끝도 없었다. 막연히 10년쯤 지나면 재미없어질 것 같던 예감은 틀렸다. 책 만드는 일은 여전히 재미있고 책을 통해 독자, 나아가 세상과 소통하는 맛이 각별했다. 개별적인 요소로 존재하던 글과 도판이 내가 부여한 질서에 따라 교정지 위에 펼쳐지는 순간이면, 마치 찬란한 꽃밭 한가운데 서 있는 기분이었다. 그때마다 그렇게 황홀하고 설렐 수가 없었다. 10년이면 깨어날 법도 하건만, 이 황홀과 설렘은 여전했다. 다른 건 몰라도 이 설렘 하나만으로도 남은 인생 후반전 내내 즐겁게 일할 수 있지 않을까, 그런 생각이 들었다. 평생 허리 꼬부라지게 일만 하는 게 싫은 마음은 여전했지만 내 시간을 온전히 내 것으로 쓸 수 있다면 노동의 개념도 조금은 달라질 것 같았다. 오히려 놀러 가고 싶을 때 마음껏 떠날 수 있겠다는 기대로 세상이 찬란해 보이기조차 했다. 출판사를 안 할 이유로 가득했던 10년 전과는 달리 이제 출판사를 직접 차려도 괜찮은 이유로 머릿속이 채워지고 있었다.

몇 달 뒤 서울 종로구청을 찾았다. 공무원이 안내하는 대로 출판사등록 과정을 거쳐 사업자등록증을 손에 쥐었다. 때는 바야흐로 2018년 4월 5일. 그날로 나는 출판사 대표가 되었다. 낙관과 긍정의 기운이 태풍처럼 마음속을 휘몰아쳤고, 나는 기꺼이 그 바람에 몸을 맡겨보기로 했다. 에라, 모르겠다. 어떻게든 되겠지!

2
{ **나의 영토에 나의 꽃을 피우고 싶다** }

1994년 12월 초, 출판사에 첫 출근을 했다. 편집부에는 부장님, 차장님, 과장님 둘, 나를 포함해 평사원 셋이 근무했다. 영업부장님과 과장님, 총무부 과장님, 평사원까지 해서 사장님 빼고 직원이 열한 명이었다. 편집자 출신인 사장님은 처음에는 빨간색 펜을 들지도 못하게 하셨다. 연필로 표시한 교정지를 사장실로 가져가면 한 장씩 넘기면서 어디가 잘되고 어디가 잘못됐는지 하나하나 가르쳐 주셨다. 두세 권을 그렇게 만든 뒤 이제 빨간 펜을 잡아도 된다는 허락이 떨어지자 어깨가 치솟다 못해 하늘로 올라가는 줄 알았다.

야근도 많았고, 퇴근 후에는 거의 날마다 회식이었다.

편집부뿐 아니라 월말이면 지역 출장 다녀온 영업부, 월급봉투 나눠 주고 난 총무부도 회식 자리에 함께하곤 했다. 이 자리에서 부서를 막론하고 부장님, 과장님, 선배들에게 숱한 이야기를 들었다. 새로 출간한 책이 어떤 반응을 얻고 있는지, 광고를 어떻게 집행해야 하는지, 다른 출판사에서는 무슨 책을 어떻게 내서 얼마나 팔았는지, 우리 회사 자금 사정은 어떤지는 물론이고, 거래처 모모 과장이 곧 결혼한다는 소식부터 수금하러 들르는 지역 어느 서점 근처 단골 국밥집 사장이 바뀐 것까지 이야기의 주제는 종횡무진이었다. 그러는 동안 영업이며 제작이며 거래처 관리까지 귀동냥으로 얻어 배운 것이 참 많았다. 그러니까 출판사에 다니며 내가 알아야 할 모든 것은 남영역 옆에 있던 허름한 치킨집에서 배운 셈이나. 이른바 '종합출판사'였던 그 회사에서 처음 만든 책은 수필집이었다. 그 뒤로 시집이며 소설, 역사기행 인문서를 거쳐 국어 참고서까지 만들었다. 신입 편집자에게 어떤 분야의 책을 만들겠다는 선택권이 주어질 리 없었다. 출간 순서에 따라 그때그때 배치되는 업무를 실수 없이 해내는 것이 큰 과제였다. 편집에도 전문성을 갖춰야 한다는 말이 돌고, 기획의 중요성이 부각되면서 슬슬 스타 기획자가 출현하던 무렵이기도 했다. 하지만 세상은 어떨지 몰라도 나의 하루는 오전에는 에세이 교정지를 보고, 오후에는 영단어 학습서 원고를 보는 일로 채워졌다. 퇴근할 때면 저 멀리 반짝거리는 남산타워(N타워 아니고)를 바라보며 나는 지금 뭘 하고 있는 걸까, 근본적인 고민에 발걸음이 무겁기도 했다. 그렇지만 이때 분야를 가리지 않고 다양한 책을 만들어 본 경험은 이후 편집자로 살아가는 데 큰 자산이 되었다.

그곳을 시작으로 2017년 가을까지 몇 군데 회사를 다녔다. 웹 에이전시에서 일한 3년 말고는 거의 편집자로 살았다. 경력이 쌓일수록 선호하는 분야가 분명해졌다. 만들고 싶은 책을 따라 회사를 옮겼다. 그때마다 회사 규모도 커졌고, 시간이 흐를수록 직급도 올라갔다. 그렇지만 세월은 흐르고 세태는 달라졌다. 회사 업무는 분업화되고 부서 간 업무는 '페이퍼'로 공유했다. 어느새 나는 편집부라는 굳건한 문 안에서만 살고 있었다. 시시때때로 오가는 이야기 속에 자연스럽게 파악하던 다른 부서 업무에는 갈수록 깜깜이가 되어 갔다. 거의 쉬지 않고 책을 만들긴 했지만 영업과 제작 등은 결과 치로만 공유할 뿐 어떤 과정을 거치고, 어떻게 흘러 눈앞의 결과에 이르렀는지 알 필요가 없었다. 내가 만드는 책에 필요한 종이 분량을 척척 계산할 줄 알았던 나는 그 기본적인 공식조차 잊고 살았다. 그래도 아무런 문제가 없었다. 내 앞에 놓인 '페이퍼' 이면의 과정을 모르고 넘어가는 게 영 마뜩치 않았지만 할 일은 그게 아니어도 차고도 넘쳤다. 나는 차츰 그런 시스템에 익숙해졌다.

작은 출판사를 차리기로 마음먹으니 오래전 왁자지껄하던 남영동 허름한 치킨집이 떠올랐다. 기름때로 끈적거리던 테이블 위에서 오가던 대형 서점 매장 관리법, 지역 서점 분위기, 이제 막 생겨나는 온라인 서점과 거래하는 법, 책을 처음 배본할 때 주의할 점, 책에 대해 편집부 말만 듣고 착각하면 안 된다는 푸념, 제작처와 거래하는 방식, 절대 초짜처럼 보이면 안 된다는 얘기…… 귀동냥으로 쌓인 조언들이 마치 어제인 듯 생생했다. 내 일이 아닌 것 같았지만 실은 모두 다 '꼭' 알아둬야 하는 '내 일'의 연장이었다.

최근까지 다니던 회사의 세련되고 전문화된 '시스템' 역시 새삼스럽게 떠올랐다. 인터넷망을 타고 제작부, 마케팅부, 총무부 등과 주고받은 제작의뢰서 양식, 손익분기 부수 산정법, 출간 후 마케팅 계획서, 인세 지급 방식, 매출 매입 정산 양식 등 '공유'해야 하는 '온갖 페이퍼'가 시스템의 상징이었다. 남영동 치킨집 테이블 귀동냥에서부터 인터넷 통신망을 타고 온 온갖 페이퍼 사이에는 25년여의 시간만큼이나 커다란 간극이 있었다. 나는 이제 그 간극을 넘어야 했다.

　말하자면 온갖 일을 다 알아야 했던 시절에서 출발했으나 어느덧 하는 일만 빼고 나머지는 결과물로 '공유'하기만 하면 되는 시절을 오래 살아온 내가 이제 다시 온갖 일을 다 알아야 하는 시절로 접어들어야 했다. 그러자니 마치 끝도 안 보이는 장강 앞에 덩그러니 서 있는 느낌이었다. 작은 출판사를 시작한 나는 별일이 없다면 앞으로도 쭉 혼자 일할 것이다. 사람은 나 하나인데, 편집부이면서 영업부이면서 홍보부이면서 총무부인 데다 세상에, 대표이기까지! 매우 희박한 가능성일지언정 인생 알 수 없으니 출판사의 규모가 커진다 해도 두세 사람이 함께 일하는 정도가 내가 바라는 최대 크기다. 그러니까 처음부터 끝까지 출판사 안에서 일어나는 모든 일은 다 알아야 하고, 다 챙겨야 한다.

　작은 출판사를 차린다고 하자 출판계 바깥에 있는 사람들은 도대체 혼자 어떻게 책을 만들 수 있는지 신기해했다. 디자인은 언제 배웠는지, 유통은 어떻게 하는 것이며 제작은 어떻게 하는지, 심지어 책이 나오면 집에다 쌓아 두는 거냐고 묻는 이도 있었다. 독립 출판사와 작은 출판사를 혼동하는 일도 많았다. 기획부터 편집, 제작, 홍보, 마케팅, 회계 업무까지 모두 다 스스로 알아서 해야 한다는 것만 놓고 보면 독립 출판사나 작은 출판사나 다를 바가 없지만, 차이라면 우선 이런 게 있겠다. 작은 출판사 대표가 편집 프로그램을 배워 직접 본문과 표지 디자인을 하는 경우도 있지만 보편적인 일은 아니다. 또한 자기 책을 본인 출판사에서 내는 경우도 있는데 (이건 내 이야기이기도 하다) 이 역시 보편적인 일은 아니다(그렇다, 이건 더더욱 보편적인 일이 아니다). 반면 독립 출판사는 대표가 저자이자 편집자이자 디자이너 역할까지 몸소 하는 경우가 꽤 많다.

독립 출판사와 작은 출판사의 눈에 보이는 차이는 책이 나온 뒤에 드러난다. 작은 출판사는 규모만 작을 뿐 중대형 출판사와 같은 방식으로 책을 유통시킨다. 온라인 서섬과 내힝 시점, 동네 책방 모두가 거래처가 될 수 있다. 보통 초판 1천 부 이상은 제작을 해야 기본 운영과 유통을 해 볼 수 있다. 1천 부 미만으로 제작하는 일도 간혹 있지만 흔한 일은 아니다. 책이 나오면 미리 계약한 유통업체에 입고를 시키고, 유통업체는 책을 보관하는 것은 물론 출판사로 들어온 주문에 따라 발송을 대행한다.

독립 출판사는 조금 다르다. 초판 제작 부수는 적게는

100부에서 500부 안팎으로 알고 있으며, 온라인 서점을 활용하기도 하지만 대개는 독립 출판물만을 판매하는 별도의 독립 책방과 동네 책방, 자체 채널 등을 통해 책을 판매한다. 유통업체를 쓰기보다는 책을 집에 쌓아 두고 주문이 올 때마다 직접 택배로 발송하는 곳도 많고, 독립 출판물 전문 플랫폼을 이용하기도 한다. 독립 출판물 분야에서 베스트셀러가 되어 유명해진 다음 일반 출판물로 재탄생한 책도 꽤 있다.

20여 년 전만 해도 혼자서 출판사를 차린다는 건 신문에 나올 일이었다. '1인 출판사'라는 말 자체가 생소했다. 내가 다니던 출판사 출신의 편집자 선배가 1인 출판사를 시작한 뒤 주요 일간지에 수차례 인터뷰 기사가 실리자 무척 신기해하기도 했다. 누구라도 선뜻 시도하지 못한 낯선 길을 걷는 그 행보에 용감한 도전이라고 박수를 보내면서도 장차 어떻게 될까 불안과 염려도 없지 않았다. 그렇지만 그 뒤로 1인 출판사의 탄생은 줄을 이었다. 1인 출판사를 하겠다고 나선 분들은 대부분 규모 있는 출판사에서 기획과 편집으로 실력을 쌓아 온 베테랑이었다. 그렇게 출판계에 본격 진입을 시작한 몇몇 1인 출판사는 규모가 작다는 불리함에도 탁월한 기획과 탄탄한 편집으로 시장에서 편집자의 힘을 제대로 보여 주기도 했다. 대형 출판사와 베스트셀러 경쟁에서 어깨를 나란히 하기도 했고, 규모를 키워 중견 출판사로 성장하기도 했다. 성공과 성취로 길을 닦아 준 수많은 선배들 덕분에 그 뒤로도 1인 출판사의 탄생은 이어졌고, 어느덧 10년 이상 출판사에서 경력을 쌓았다면 자연스럽게 창업을 고려하는 것이 수순일 정도로 그 인식이 달라졌다.

물론 1인 출판사의 등장과 발전이 온전히 개인의 실력만으로 가능했던 건 아니다. 기존 출판사와 끈끈한 관계를 형성해 온 대형 서점과 지역 도매업체와의 거래가 전부였던 시대라면 영업과 유통에서 가로막혀 엄두를 못 냈을 수 있다. 하지만 이 무렵 등장한 온라인 서점은 1인 출판사의 진입로를 확 넓혀 주었다. 그때만 해도 온라인 세상에서는 수십 년 된 출판사나 이제 막 문을 연 출판사나 거래를 시작하는 방식에 큰 차이가 없었고, 심지어 독자 앞에 얼핏 평등해 보이기까지 했다.

여기에 더해 편집 프로그램과 제작 방식도 훨씬 간단해졌다. 활판 인쇄의 끝머리에 출판 일을 시작한 나로서는 식자에서 인화지와 필름으로, 필름에서 PDF 파일로의 변화는 참으로 숨이 가빴다. 숙련된 정판실 부장님이 필름을 대지 위에 순서대로 배치해야 인쇄 가능한 16쪽짜리 한 판이 만들어지는 시대에서, 필름 한 장에 16쪽이 한꺼번에 출력되어 나오는 시대를 거쳐 이제는 파일에서 바로 인쇄판으로 출력되는 이 시대로의 진입. 고비마다 "세상 참 좋아졌다"는 감탄으로 이어졌다. 그런 변화의 속도감이 어지러운 건 어디까지나 내 사정이고, 컴퓨터와 인터넷, 새로운 프로그램 등을 통해 이전보다 훨씬 쉽고 빠르게 책을 만들어 낼 수 있는 인프라의 혁명적 변화야말로 1인 출판사의 강력한 동력이 되어 주었다.

1인 출판사는 말하자면 20세기의 끝 무렵과 21세기의 시작이 맞닿은 시점에 존재 자체가 혁신이고 새로운 변화의 상징이었다. 게다가 주로 주목받는 쪽은 여성 편집자들이 시작한 출판사였다. 그 이전까지만 해도 직업인으로서 출판사 편집자의 삶은 오늘날보다 훨씬 더 불안했다. 특히 성비로 볼 때 압도적으로 많았던 여성 편집자들은 결혼을 하면서 회사를 그만둬야 했다. 편집장으로의 승진은 주로 남자들 몫으로 돌아갔다. 일하느라 '혼기'라는 걸 놓치면 서른 중반쯤까지는 일할 수 있긴 하지만, 그 이후로 자리를 지키는 것은 회사나 직원 모두 피차 민망한 일로 여겨지기 일쑤였다. 영화나 드라마 속에서 긴 머리에 안경을 쓰고, 다소 신경질적인 캐릭터로 묘사되는 등 여성 편집자들에 대한 동의 못할 이미지가 만들어질 정도였다. 간혹 여성 편집장이나 스타 기획자가 등장하기도 했지만 그게 일반적인 일은 아니었다. 그런 시절에 여성 편집자들이 회사를 박차고 나가 본인들의 이름으로 출판사를 차리는 것에서 나아가 주목받는 차세대 주자로 떠올랐으니 후배 된 입장에서는 그저 놀랍고 고마울 따름이었다. 하지만 새로운 것이 늘 새로운 것으로 남을 수는 없다. 1인 출판사라는 말 자체에서 느껴지던, 독특한 존재감이 만들어 내는 신선한 뉘앙스는 독립 출판사의 등장 이후 다소 퇴색한 느낌이다. 앞서 이야기했듯이 이제는 출판계에서 웬만큼 경력을 쌓았다면 누구나 당연히 고려해야 하는 수순처럼 여겨질 정도다.

'새로운 새로움'은 다른 곳에서 등장했다 21세기의 독자는 책을 읽는 존재에서 나아가 스스로 책을 만드는 존재로 변화하는 데 거리낌이 없다. 어느덧 출판이라는 행위는 단계별 집약 노동의 산물이라는 20세기적 의미에서 벗어났다. 21세기 신문물의 세례를 받아 누구나 말하고픈 내용을 글과 그림과 사진, 레이아웃으로 구현할 수 있게 되었고, 누구나 저자가 될 수 있다는 이전과 다른 성질이 더해졌다. 따라서 21세기 출판에 익숙한 세대에게 책이란 출판사에서 일을 배우고 익히는 숙련의 과정을 거쳐야만 만들 수 있는 대상도 아니요, 오랜 시간 정제된 언어와 연구의 성취로 이루어 낸 경외의 대상도 아니다. 이들에게 책이란, 나아가 출판이란 행위는 자신의 감수성을 세상에 직접 드러내고 하고 싶은 말을 스스로 선택한 방식으로 건네는 데 매우 유용하고 간편한 매체로 존재한다.

그런 그들에게 출판사에서 세상에 내보낸 책이 어떤 책방에서 몇 권이 팔렸는지 도무지 알 수 없는 깜깜한 유통의 세계는 애초에 진입할 관심이 없는 세계일지도 모르겠다. 그 세계가 아니어도 인터넷과 SNS, 또는 비슷한 취향과 감성을 탑재한 지극히 아날로그적 공간만을 대상으로 삼아도 세상을 향해 말을 걸 준비는 충분하다고 여길 법도 하다. 작은 출판사를 차리겠다고 나선 나와는 달리 독립 출판사를 지향하는 그들이 만든 책은 깃털처럼 보드랍고 가볍게 이 세상을 날아다니며 그 존재의 의미를 그 나름의 방식으로 펼쳐 보일 것이다. 그들이 만들고 나누는 책은 이미 민들레 홀씨처럼 여기저기 새로운 가능성과 공감을 퍼뜨리고 있다.

그렇다면 21세기에 출판사를 시작하는 나는 왜 독립 출판사가 아닌 기존 출판계의 시스템 안에서 책을 만들려는 걸까. 대한민국에는 이미 수많은 작은 출판사가 존재하여 더 새로울 것도 없는 이 길에 나는 왜 서 있는 걸까. 21세기의 시간에 살지언정 어쩔 수 없이 출판인으로서의 나의 피와 살은 20세기에 만들어졌다. 독립 출판사를 만들어 내 생각을 거리낌 없이 드러내기에는 나의 감성과 취향의 주름 사이에 지난 20여 년의 세월이 관성처럼 배어 있다.

나는 내가 익숙한 세계에서, 나를 편집자로 태어나게 하고 피와 살을 만들어 훈련시킨 본진에서 내 영토를 만들고, 그곳에 나만의 작은 꽃을 피우고 싶었다. 본진에서 수십 년 세월 동안 견고한 영토를 만들어 단단하게 뿌리를 내리고 몇 겹 나이테를 두른 나무들 틈에서 그 나무들의 새로운 성장에 복무하는 거름이 되기보다는 나의 노동으로 내 꽃을 피우고 싶었다. 다른 감성과 취향이 아닌 내게 익숙한 그 언어와 그 몸짓으로.

3
{ 빵이 있어야 빵집, 책이 있어야 출판사 }

　빵집은 빵이 있어야 빵집이다. 출판사는 책이 있어야 출판사다. 출판사는 책으로 존재하고 책으로 말한다. 금빛 찬란한 계획표를 아무리 세워도 책이 없으면 출판사가 아니다. 출판사가 되려면 책이 될 원고가 있어야 한다. 이제 막 출판사를 해 보겠다고 마음먹은 내 손에 그런 게 있을 리가 없다. 출판사를 시작한다고 하니 주변에서 물었다.

　"몇 권이나 준비되어 있어요?"

　한 권도 없는데 몇 권이라니? 이렇게 반문하는 나에게 무슨 내숭이냐고들 했지만, "그땐 진짜 그랬어요"라고 말할 수밖에 없다. 책 한 권만 내고 말 것이 아니라면 적어도 서너 권의 기획과 원고는 가지고 출발해야 한다는 말에 정말 발등에 불이 떨어졌구나 싶었다.

출판사를 하기로 얼떨결에 마음먹긴 했지만, 마음먹는 것과 정말 그렇게 해내는 것은 하늘과 땅만큼 차이가 나는 일이다. 그동안 회사를 옮긴다고 해도 갖춰질 게 다 갖춰진 회사에 적응하는 일이 전부였다. 무주공산에 돌 하나 놓는 일부터 시작해야 하는 이 상황은 나로서는 태어나 처음 겪는 일이었다.

그렇다고 '초짜'가 되고 싶지는 않았다. 부인할 수 없는 초짜지만 마치 백 년 전부터 출판사 대표였던 것처럼, 또는 오백 년 전부터 미리 계획하고 준비했던 사람처럼 당황하지 않고 노련하고 능숙하게 잘해 나가고 싶었다. 헛발질을 하지 않으려면 돌다리도 두드리고 두드리고 또 두드려야 했다. 밤마다 돌다리를 두드리느라 손가락이 남아나질 않는 것 같았다. 밥을 먹으면서도 걸어 다니면서도 머릿속으로는 떠올릴 수 있는 모든 것, 상상할 수 있는 온갖 것을 끝없이 복기했다. '일'에 필요한 모든 요소를 사소한 것 하나까지 놓치지 않고 기록하고, 준비했다.

계약부터 인세를 지급할 때까지 필요한 서류 양식을 만들었다. 구입할 장비 목록도 챙겼다. 함께 일할 거래처 후보를 정리했다. 빠진 게 없는지 몇 번씩 거듭 들여다보았다. 그러던 어느 날. 지금 필요한 건 이런 게 아니라는 깨달음이 불현듯 찾아왔다. 이러고 있을 때가 아니었다. 지금 세워야 할 목표는 '일' 잘하는 사람이 되는 게 아니었다. 이왕 작은 출판사를 차리기로 했으니 잘하고 싶었지만 일을 잘하는 것보다 어떤 회사를 만들고 싶은가, 이 문제를 먼저 고민해야 했다. 정신이 번쩍 들었다. '어떤 회사를 만들고 싶은가'는 결국 '어떤 책을 만들고 싶은가'와 같은 말이다. 그동안에는 다니던 회사의 방향에 맞춰 책을 만들어 왔다면 이제는 정말 내가 만들고 싶은 책을 만들어야 했다. 누구에게도 책임을 미룰 수 없는 온전한 나의 선택과 결정으로 만들어지는 책.

나는 무슨 책을 만들고 싶은 걸까. 답이 바로 나오지 않았다. 이러이러한 책을 만들어 보라는 계시가 하늘에서 갑자기 뚝 떨어질 리 만무했다. "나아갈 길을 모르겠거든 지나온 길을 돌아보라"는 누가 한 말인지 모를 말이 떠올랐다. 그동안 내가 만들어 온 책들을 살펴보기로 했다. 1994년부터 처음 한두 해는 일을 배우는 과정이었던 데다 온라인 서점에 제대로 등록조차 되어 있지 않아 기억이 가물거렸다. 그래도 흩어진 기억의 줄을 붙잡고 온라인 서점의 도움을 받아 내가 만들었다고 할 만한 책을 꼽아 보니 대략 170여 권이 잡혔다. 이 책들 가운데 좋아했던 책과 어쩔 수 없이 만들어야 했던 책을 나누고, 정말 좋아했던 책의 분야와 성격을 나름대로 정리해 보았다.

문화예술 분야의 책을 가장 많이 만들었다. 어렴풋하게 짐작은 했던 바이지만 목록으로 확인하니 느낌이 달랐다. 도판과 갖가지 요소가 풍부한 책을 특히 즐겨 만들었다. 인문교양서 비중도 꽤 컸고, 에세이도 적지 않았다. 사회과학, 정치경제 관련서는 거의 없고, 학술서나 전문서 비중 역시 매우 낮았다. 국내서와 번역서를 놓고 보면 압도적으로 국내서가 많았다. 몰랐던 사실은 아니었지만 만들어 온 책 목록을 보니 취향과 지향이 뚜렷하게 보였다. 한편으로 해마다 단군 이래 최대 불황이라는 수식어가 빠지지 않는 출판계에서 일하며 만들고 싶은 책을 지속적으로 만들어 왔다는 것이 얼마나 행운 같은 일이었는지 감사한 마음도 들었다.

역시 다시 보아도 딛고 선 땅이 곧 내가 설 땅이며 출발선이다. 그동안 만든 책들이야말로 내가 딛고 선 땅이다. 여기에서 출발하는 게 맞겠다는 생각이 들었다. 문화예술과 인문교양, 에세이를 중심으로 삼아야 했다. 상황이 허락하는 한 번역서보다는 국내서를 만들고 싶었다. 다른 이유 때문이 아니었다. 완성된 원고를 받아서 책을 만드는 데는 그리 큰 재미를 못 느끼는 성격 탓이다. 기획 단계에서부터 적극적으로 개입하면서 저자와 '지지고 볶는 과정'을 즐긴다. 그 과정을 통해 저자가 지닌 바를 최대한 끌어내 책 한 권에 담아내는 과정에서 일종의 쾌감을 느끼는 몹쓸 편집자다. 이런 나와 일하는 걸 몹시 피곤해하는 저자도 꽤 많았다. 번역서를 만들 때도 이런 '성질'은 어디 가질 않아서 번역자와 의기투합해 애초에 없는 요소를 만들어 넣는 과정을 즐겨 왔다. 그때마다 에이전시를 중간에 두고 원저자와 단계마다 조율하는 과정의 스트레스가 너무 커서 매번 이번이 마지막이라고 다짐하곤 했다. 그러니 역시 번역서보다는 기획부터 같이 하는 책에 주력하는 쪽이 맞을 듯했다. 하지만 그게 어디 말처럼 쉬운 일인가. 마음껏 국내서를 만들 수 있었던 건 어디까지나 그때 사정이었다. 지금 이 상황에서 국내서를 내겠다는 내 손을 잡아 줄 저자가 과연 몇 분이나 있을까. 어쩔 수 없이 그동안 함께 책을 만들어 온 저자들의 얼굴이 떠올랐다. 과연 이 분들이 내 손을 잡아 줄까?

규모가 큰 출판사에서 주로 일했다. 저자에게 책을 내자고 제안하면서 망설인 적이 거의 없었다. 출판계 안

꽲으로 누구나 들으면 알 만한 회사, 책 잘 만든다는 평판을 받는 회사에 다닌다는 자부심이 컸다. 하지만 작은 출판사라면 이야기가 달라진다. 아무것도 검증할 근거가 없는 작은 출판사에서, 무엇도 약속할 수 없는 빈손으로 책을 내자고 누구에게든 제안할 용기가 나에게는 없었다. 저자와 편집자로 가깝게 지내 왔지만, 그 인연을 빌미로 한번 도와 달라는 자세를 취하고 싶지는 않았다. 흔쾌히 허락한다고 해도 내 쪽에서 망설일 듯했다. 민망한 표정으로 거절하는 그분들의 어색한 웃음을 마주할 용기도 없었다. 이미 작은 출판사를 먼저 시작한 선배들이 번역서로 시작하는 것도 이제야 이해가 되었다. 그렇다면 나는 어떻게 해야 할까.

엑셀로 만들어 놓은 출간 분야 파일에 커서만 깜박거리고 있었나. 문화예술서를 만들며 함께해 온 저자 이름을 죽 적어 놓긴 했지만 나는 어떤 분께도 선뜻 연락을 드릴 수가 없었다. 인문교양서는 이보다 함께한 저자가 적으니 더했고, 에세이는 말할 것도 없었다.

2017년 가을이 그렇게 흘러가고 있었다. 다니던 회사는 이미 정리를 했지만 대안이 당장 마련되지 않는다면 출판사 시작을 서두르지 말자고 다짐했다. 물꼬는 뜻밖의 곳에서 터지기 시작했다. 다니던 회사에서 만들고 싫었던 책이 몇 권 있었다. 말로만 오간 책 말고 구체적인 출간 계획을 의논한 책이 세 권이었다. 두 권은 검토 중, 한 권은 계약을 했는데 계약서만 있을 뿐 원고는 아직 들어오기 전이었다. 저자에게 회사를 나오기로 했다고 이메일을 보내면서 세 가지 선택지를 제의했다. 첫 번째는 계약을 유지하는 것, 두 번째는 계약을 정리하고 다른 출판사를 알아봐도 괜찮다는 것, 세 번째는 앞으로 어찌 될지 모르지만 이 책은 가능하다면 내가 만들어 보고 싶다는 것이었다. 멀리 미국에 계시던 저자는 메일을 받고 곧장 회신을 주셨다. 애초에 이 책을 제안한 사람이니 끝까지 같이 가는 게 좋겠다는 답이었다. 나는 다시 메일을 썼다. 출판사를 준비 중인데 이 원고를 첫 책으로 만들어 보고 싶다는 것이었다. 다시 회신이 왔다. 직접 차린 회사의 첫 책이라니 영광이라는 답이었다. 이 답이 어떤 의미인지 한순간에 알아차렸다. 그저 좋아서 방방 뛸 일이 아니었다. 아무것도 없는 무주공산에 함께 집을 짓는 첫 돌을 놓아 보자는 저자의 뜻을 어떻게 받아야 할지 아득했다. 이제 정말 나의 출판을 시작하는 건가, 저자의 신뢰를 과연 감당할 수 있을까. 오히려 깊은 고민이 시작되었다. 어떻게든 되리라고 마음속에 들이닥쳤던 긍정과 낙관의 태풍은 어디론가 사라지고 엄청난 책임감이 가슴에 묵직하게 담겼다.

그렇게 묵직한 책임감을 가슴에 담고 보니 이제야 발을 땅에 디딘 듯했다. 혜화동의 오래된 한옥을 사서 원하는 대로 살림집과 출판사를 겸하는 공간을 꾸리고 만들고 싶은 책을 만들며 산다는 이 동화 같기도 한 환상적인 이야기에 비로소 내가 책임져야 할 무게가 얹힌 것이다. 이제는 뭘 해야 하나. 나는 좀 더 낮은 포복으로 다음 책을 모색해야 했다.

'나 혼자 일해서 과연 일 년에 몇 권을 만들 수 있을까?'

좀 더 솔직하게 말하면 일 년에 몇 권을 만들어야 먹고살 수 있을까, 이것이 궁금했다. 하지만 이 물음에 누가 답할 수 있으랴. 시간이 흘러흘러 여덟 권째 책의 출간을 목진에 둔 지금도 이 답은 모르겠다.

나는 나의 노동의 양을 계량할 수 없었다. 책을 만드는 일은 월요일부터 금요일까지 하루 여덟 시간 꼬박 앉아 있는다고 해서 그 시간과 생산량이 비례한다고 말할 수 없다. 나는 질문을 좀 더 단순화하기로 했다.

'일 년에 몇 권을 내야 출판사의 존재감을 유지할 수 있을까?'

이 질문이 오히려 답을 내기가 수월했다. 예전에 다

니던 회사 사장님은 무조건 언론사에 일주일에 한 권씩 신간 보도자료를 보내야 한다고 하셨다. 그래야 기자들로 하여금 출판사의 존재감을 끊임없이 상기하게 만들 수 있다고. 또 다른 사장님은 얼마나 많이 내느냐보다 '임팩트' 있는 책을 분기별로 포진시키는 게 중요하다고 하셨다.

다들 일리 있는 말이었다. 다만 직원이 서른 명일 때의 이야기였다. 혼자 일하는 내게 참고가 될 리 만무했다. 나는 최대 일 년에 여섯 권을 목표로 삼기로 했다. 두 달에 한 권씩 꼬박꼬박 책을 펴낸다면 먹고사는 문제도 해결하고 존재감도 놓치지 않을 듯했다.

교정 교열을 외주 편집자에게 맡기고, 생산성을 최대한 높여 한 달에 한 권씩 새 책을 출간해서 하루라도 빨리 이 세상에 출판사의 존재감을 확연히 드러내는 것도 선택지가 될 수 있다. 정말 잘 팔릴 책 한 권을 내고 일 년 내내 편하게 지내고 싶다는 소망도 품을 만하다. 일 년에 여섯 권을 내겠다는 목표는 말하자면 이 양극단 사이에서 내가 지향하는 바였다.

나는 화려하고 커다란 꽃을 피우고 싶어서 출판을 하려는 게 아니었다. 조용한 뒷동산에서 들리던 이름 모를 아낙이 아침 준비하는 물소리. 비록 책방의 꿈은 사라졌지만 이 물소리를 잊은 건 아니었다. 할 수 있는 만큼만, 무리하지 않고, 원하는 대로 고요히, 내 속도에 맞춰, 그렇게 일하며 살기. 내가 일군 영토 안에서 작지만 어여쁜 꽃 한 송이 피우고 가꾸며 살기. 일 년에 여섯 권이란 이런 나의 지향점을 드러내는 숫자였다. 그리고 그것이 최대치라는 사실, 당장 이루기 만만치 않으리라는 사실을 모르지 않았다.

일 년에 여섯 권을 내든 수십 권을 내든 내 손에 쥐어진 것은 나와 함께 가고 싶다는, 머나먼 미국 땅에 계신 저자의 메일 답신뿐이었다. 나는 적어도 세 권의 원고는 확보하고, 여섯 권은 기획한 다음에 첫 책을 내고 싶었다. 뭔가 노련하게 백 년 전부터 준비한 사람처럼 그렇게 출판사 대표로 세상과 인사를 나누고 싶었다.

나에게 보여 준 그분의 신뢰에 대한 책임감의 무게는 그 자체로 강력한 동력이 되었다. 나는 그동안 맘에 담아 뒀던 다른 저자께 만남을 청했다. 여러 상황을 있는 그대로 이야기했다. 앞으로 내고 싶은 분야, 어떤 마음으로 출판사를 시작하는지. 그리고 새로 시작하는 출판사에서 책을 내는 일이 저자에게 부담이 될 수도 있다는 사실까지 일어날 수 있는 모든 문제를 털어놓았다. 그러자 그분은 오히려 자신의 원고가 출판사 분위기와 맞을

까를 염려해 주었다. 그것만 괜찮다면 함께 책을 만들어 보고 싶다고, 먼저 제안해 줘서 고맙다고 했다.

집에 돌아와 나는 그동안 함께 책을 만들었던 저자들께 출판사를 직접 차릴 거라는 소식을 본격적으로 전하기 시작했다. 행여 책을 내자는 부탁으로 보일까 봐, 괜한 부담을 드릴까 봐 조심스러워 연락을 못 했었다. 그런데 그것이 오히려 그분들께 예의가 아닐 수 있겠다는 생각에 이르렀다.

많은 분께 회신을 받았다. 부담스러워 하는 분도 있었다. 잠시 서운했으나 예상했던 일이라 그 마음이 오래가지는 않았다. 어차피 시작을 같이 했으니 끝까지 책임을 지라고, 이제 와서 도망가는 게 말이 되느냐는 분도 있었다. 응원하는 마음이 전해졌다. 배꼽 언저리에서 수시로 뜨거운 기운이 훅 올라왔다. 눈물샘을 제대로 자극해 눈가가 촉촉해지는 일도 심심찮게 있었다.

그런데, 이쯤에서 매우 충격적인 사실 하나를 알게 되었다. 답을 주신 분들이 이구동성으로 이런 얘기를 빼놓지 않는 거다. "출판사 잘 시작했다, 책방은 무슨, 출판사를 직접 차릴 때가 되었는데 왜 저러고 있나 생각하고 있었다."

그동안 쉰 살 언저리에는 책방을 할 계획이라고 그렇

게나 말하고 다녔는데, 내가 진짜 책방을 할 거라고 생각했던 사람은 열 명 중 한 명도 될까 말까 했다니. 나는 진심으로 놀라움을 금치 못했다. 내가 평소에 허튼소리를 하고 다니는 사람도 아니고, 왜? 대체 왜? 왜 내 말을 안 믿은 걸까? 아닌가? 내가 실없는 소리를 많이 하고 다녔나? 그 궁금증과 황망함을 견디지 못하고 되묻는 내게 누군가가 답했다.

"부장이고 실장이고 그런 직함보다는 혼자 북 치고 장구 치고 사는 게 더 어울린다고 생각했지. 책 만들면서 잘난 척할 때가 가장 신나 보이는 사람이 무슨 책방 타령인가 싶었다니까."

아, 나는 그런 사람이었구나. 아, 그렇구나. 출판사를 시작하는 게 처음부터 나에게 정해진 운명이었구나. 나는 내 운명을 심허한 마음으로 받아들이기로 했다. 잠시 잠잠했던 긍정과 낙관의 바람이 이번에는 토네이도가 되어 나를 뒤흔들었다. 운명인데 어쩌겠어, 잘해 봐야지! 그리고 다시 엑셀 파일을 열었다. 무리하지 말자, 오버하지 말자, 일 년에 여섯 권. 그러고 보니 어느새 그 목록이 다 채워져 있었다.

4
{ 세상을 향해 출판사 혜화1117의 문을 열다 }

어쩌다 책 만드는 일을 시작하게 되었을까. 까마득하게 오래전이지만 새해가 되면 부러운 맘으로 신춘문예 당선작들을 챙겨 읽던 나날이 있었다. 청춘으로 진입하기 전, 그러니까 중학생 때부터 막연히 글 쓰는 사람으로 살 것 같은 예감에 휩싸여 살았다. 예감은 틀렸고, 몇 번의 좌절을 거쳐 작가로 살 만큼의 글재주를 타고나지 않았음을 깨끗하게 받아들이고 선택한 길이 편집자였다. 글의 생산자가 될 운명을 하늘이 허락하지 않는다면 글 옆에서 사는 삶 정도는 인간인 내가 선택할 테니 방해하지 말라고 대드는 심정이었다.

그렇게 시작한 편집자로서의 삶은 뜻밖에 나와 아주

잘 맞았다. '글'을 생산하지는 못하지만 '책'을 생산하는 삶도 좋았다. 어쩌면 어린 시절 나는 뭔가를 만들어 내는 것을 좋아했는지도 모른다. 다만 만들어 낸다는 행위로 떠올릴 수 있는 것이 글쓰기밖에 없어 막연히 글을 쓰며 살고 싶다고 생각했는지도. 그 뒤로 오랜 세월 편집자로 밥 먹고 살았고 그 덕분에 이 글도 쓰고 있으니, 하늘은 내 선택을 방해하기는커녕 이모저모 보살펴 주고 나보다 훨씬 훌륭한 분들의 글 옆에서 안복을 누릴 수 있게 해 주셨구나 싶다.

출판사를 시작하겠다는 나로서는 1994년부터 이 일을 시작해서 쌓아 온 경력과 경험이야말로 비빌 언덕이었다. 앞서 이야기했듯 적지 않은 책을 만들어 왔다. 처음부터 원고도 저자도 다 좋았던 책도 있고, 무슨 말을 하는지 저자는 과연 알고 쓴 걸까 의심스러운 경우도 있었다. 마감을 절대 지키지 않는 저자도 있었으며, 막대한 분량에 질식할 것 같은 책도 있었다. 한 사람의 저자와 한 권의 책을 만들기도 했지만 저자가 여러 명인 경우도 있었고, 국가 기관이나 관공서를 비롯한 다양한 단체와 협업하기도 했다. 그때마다 상황은 참으로 다양하게 펼쳐진다. 그간 배운 바를 한 줄로 요약하면 다음과 같다.

"세상에 일어날 수 없는 일은 없다."

그렇다면 그 경험과 경력은 어디까지 유용할까. 그것이 모든 걸 해결해 줄 수 있을까. 아니, 지금껏 쌓아 온 경험과 경력을 온전히 내 것으로 여겨도 되는 걸까. 몇 해 전까지 다니던 회사는 기획도 편집도 잘한다는 평가를 받는 곳이었다. 그곳에서 내가 만든 책 역시 저자는 물론 동료 편집자, 독자로부터 좋은 평가를 받곤 했다. 그때마다 이런 생각이 들었다.

'이 책은 내가 만든 것인가, 이 회사의 시스템이 만든 것인가?'

나의 물음표를 조금 더 풀어 쓰면 대충 이런 뜻이다.

'이 책은 출판계에서 평판 높은 사장님, 실력 있는 디자이너, 베테랑 영업자 등 회사 안팎으로 손꼽히는 '선수'들로 짜인 팀플레이의 결과물일 뿐일까? 이곳에서는 누구라도 이 정도는 만들 수 있는 게 아닐까?'

한 권의 책에 기여하는 내 역할이 어느 정도인지 궁금할 때가 많았다. 출판사를 직접 차려 책을 만든다고 생각하니 민낯으로 세상과 마주하는 기분이었다. 한편으로 오래 품어 온 질문의 답을 곧 확인할 수 있겠다 싶었다. 내 출판사에서 앞으로 만들어 내는 책이야말로 그동안 품어 온 물음표의 답이 될 것 같았다. 그 책들이 일정

한 함량에 미치지 못한다면 그동안 내가 만든 책은 전적으로 회사 시스템의 결과물임을, 그 누구도 아닌 나 스스로 드러내는 셈이 될 것이었다. 그동안 만들어 온 책들을 위해서라도, 그 책들을 위해 복무한 나의 청춘 시절을 위해서라도 그건 안 될 말이었다. 누군가 특별히 나를 주목하고 있을 리 만무하지만, 혼자 공연히 두 주먹을 불끈 쥐었다. 이왕 출판사를 차리게 되었으니 정말 잘해 보고 싶었다.

그러나 출판사는 다짐으로만 이루어지는 게 아니다. 말로 떠든다고 될 것 같으면야 누군들 못하랴. 존재의 의미를 얻으려면 책을 만들어야 한다. 그것도 아주 잘 만들어야 한다. 나는 어떤 책을 어떻게 만들어 내가 창조한 출판사의 출현을 세상에 알려야 할까.

새로 시작하는 출판사의 첫 번째 책은 무조건 잘 팔릴 만한 책으로 배치하라는 조언을 여러 차례 들었다. 그래야만 출판사의 존재감을 세상에 효과적으로 드러낼 수 있다고, 무조건 무조건이라고 했다. 나는 생각이 좀 달랐다. 그저 잘 팔리는 책보다는 새로 등장한 나의 출판사에서 앞으로 어떤 책을 만들어 갈지 세상에 알리는 '신호탄'을 쏘고 싶었다. 앞으로 만들 책에 담을 특징을 첫 책부터 제대로 갖춰서 제대로 선보이고 싶었다. 마침 내 손에는 이런 의도에 가장 적합한 기획안이 있었다. 로버트 파우저 선생의 『외국어 전파담』. 이 기획안의 어떤 점이 나의 의도에 부합했을까. 미국인이 쓰지만 우리말로 집필하니 번역서가 아니라 국내서나 다름없었다. 주제가 참신하고 묵직했다. 책을 볼 줄 아는 사람이라면 눈길을 주기에 충분하다는 자신감도 한몫했다. 여기에 온갖 화려찬란한 도판을 마음껏 넣을 작정이었다. 글과 시각 자료를 조화롭게 엮어 흥미진진한 주제를 독자들에게 제대로 보여 주겠다는 야심에 나는 홀로 들떠 있었다.

그리하여 2017년 12월부터 내 출판사의 첫 책이 될 원고가 저 멀리 미국 땅으로부터 속속 들어오고 있었다. 한국의 경기도 신도시에 거주하는, 간판을 달기는커녕 출판사 이름도 아직 짓지 않은, 겉으로 보기에는 백수와 다름없는, 그러면서 곧 출판사 대표가 될 거라고 어깨와 눈동자에 힘 빡 들어간 편집자와 미국의 대학도시 앤아버 출신의, 남들 눈에는 신의 직장인 서울대 교수라는 직함을 던지고 20여 년 만에 다시 돌아간 고향에서 '독립학자'라는 듣도 보도 못한 신종 타이틀을 달고 있는 저자의 밤낮 마라톤이 한창이었다. 밤낮 마라톤이라고 하니 열정에 들뜬 저자와 편집자의 고군분투처럼 보이지만 실은 온전히 시차 때문이었다. 저자의 낮은 편집자의 밤이었다. 저자가 한 꼭지를 써서 편집자에게 보내고 잠자리에 들면, 낮에 글을 받아 본 편집자는 눈에 불을 켜고 바로 읽고 의견을 전달한다. 저자는 눈을 뜨자마자 편집자의 메일을 받아 보고 다음 장 진도를 나간다. 그렇게 주거니 받거니 하는 밤낮 마라톤은 장장 넉 달 동안 이어졌다.

내용이 만들어지는 동안 한편으로 누구와 어떻게 외형을 만들지 정해야 했다. 무엇보다 디자이너가 급선무였다. 책 한 권의 탄생에 디자인이 차지하는 비중은 두말하면 잔소리다. 작은 출판사에게 디자인은 여러모로 고민이다. 디자이너를 처음부터 직원으로 고용할 수는 없으니 거의 외주로 맡긴다. 꾸준히 함께하는 디자이너기 정해지지 않는다면 책마다 표지 분위기가 달라질 수밖에 없다. 나는 다른 방식으로 일해 보고 싶었다. 한 사람과 일을 하되, 권마다 책을 맡기는 방식이 아닌 출판사의 전체적인 디자인 방향을 함께 고민하고 싶었다. 기존 출판사들이 수십 수백 종의 책을 내면서 나름의 빛깔을 갖춰 왔다면 나는 처음부터 내 출판사의 취향과 색깔을 디자인 전반에 부여하고 싶었다. 내가 전문가가 아니니 그것을 부여하는 역할을 누군가와 함께 손잡고 해 나가고 싶었다. 마침 함께하고 싶은 사람이 있었다. 내 제안에 그 역시 동의했고, 드디어 본격적인 편집 작업을 시작할 수 있었다.

출판사를 시작하는 데에 필요한 일은 책을 만드는 일 외에도 많았다. 회사 이름도 아직 정하지 못한 때였다. 그럴듯한 후보 수십 개가 등장했다 사라졌다. 너무 있어 보이는 이름, 과한 의미를 부여하는 이름은 본능적으로 꺼려졌다. 가볍고 단순하고, 무게감과 의미가 전혀 없는 무심한 느낌이면 좋겠다고 생각했다. 전형적인 이름도 별로였다. 한옥에서 출판사를 꾸린다고 생각하니 온갖 고전 문헌에서 들어 봤음직한 이름이 후보로 속출했다. 다들 너무 무겁고 진지했다. 그래서 다 별로였다. 그러다 농담처럼 출판사를 시작하게 만든 게 이 집이니 집 주소에서 이름을 가져와 보면 어떨까 하는 생각이 들었다.

어려서 한글을 배울 때 자음의 생김새에서 연상되는 이미지가 있었다. 나무, 새, 해, 달 뭐 그런 것들인데, ㅎ은 웃는 얼굴 같기도 하고, 꽃 같기도 하고, 해 같기도 했다. 그래서 한글 자음 중에 유난히 ㅎ을 좋아했다. 내 이름이 다소 고풍스러운 느낌이지만 ㅎ이 두 개 연달아 들어간 것도 그래서 좋았다. 그런데 내가 살게 된 한옥의 주소지가 마침 혜화로였다. 내 이름처럼 초성에 ㅎ이

연달아 두 개 들어가니 이걸로 출판사 이름을 삼아도 좋겠다 싶었다. 주소를 이루는 숫자의 배열은 11과 17이라 숫자만 모아 보니 1117이 되었다. 그것도 좋았다. 출판사 이름은 그래서 혜화1117이 되었다.

내가 정한다고 되는 게 아니다. 그 이름을 누군가 쓰고 있지는 않은지 돌다리도 두들겨 봐야 한다. 두들겨 볼 돌다리는 '출판사/인쇄사 검색시스템'(book.mcst.go.kr) 웹사이트다. 이 사이트에 접속하면 전국 또는 지역별로 출판사나 인쇄사 상호 등록 현황을 찾아볼 수 있다. 검색어에 '혜화'를 넣어 보니 '혜화, 혜화당, 혜화출판사, (주)혜화종합상사, 혜화JHP, 도서출판 혜화동' 등이 나온다. 이 가운데 종로구 혜화동에 있는 출판사는 한 군데였다. 행여 혜화1116이라도 있으면 어쩌나 싶었는네, 나행이 숫자와 조힙한 이름은 없었디. 검색이 불편하다면 소재지 구청에 문의해도 된다. 요즘 공무원은 무척 친절하다. 대기 시간이 길어 통화가 힘들어서 그렇지.

지금에야 하는 말이지만 혜화1117이라는 이름은 글로벌 시대에 어울리지 않는다. 어쩌다 외국 편집자를 만나 회사 이름을 읽어 보라 하면 다들 난감해한다. 국내용으로도 썩 적절치 않다. 출판사 보도자료를 받아 든 언론사와 거래처도 난감해하긴 마찬가지다. 어떻게 읽어야 하느냐고 되묻는 이도 많고, 11월 17일이 무슨 날이냐고 묻는 이도 많았다. 출판사 이름은 읽고 쓰기 쉬워야 한다. 이걸 너무 뒤늦게 깨달았다. 그렇다고 후회한다는 건 아니다. 나는 그때나 지금이나 혜화1117이라는 이름이 좋다. 나만 좋으면 된다. 왜냐, 나는 대표니까(농담!).

출판사 이름을 정했으면 다음에는 뭘 해야 할까. 로고를 만들어야 한다. 함께 일하기로 한 디자이너에게 부탁했다. 폼 잡지 않는, 그냥 무심한 듯 어떤 의미 부여도 하지 않는 그런 디자인으로. 그렇게 만들어진 로고도 마음에 아주 그냥 쏙 들었다. 로고가 어찌 생겼는지 궁금한 분은 온라인 서점에 혜화1117을 검색해 보시라. 우리 책이 주르륵 나올 거다. 그 가운데 아무 책이나 클릭하면 앞표지에 로고가 있다. 맞다, 바로 그거다.

디자이너가 한창 로고를 고민하고 있을 때 나는 또 다른 궁리를 하고 있었다. 나의 출판사에 나만의 특징을 부여하고 싶었다. 그동안 다른 출판사 책에는 없었던 그 무엇, 나만이 할 수 있는 그 무엇을 내가 만든 책에 넣고 싶었다. 어떤 게 있을까. 생각을 거듭한 끝에 찾아낸 것은 말하자면 역사이자 기록이었다. 한 권의 책은 하늘에서 뚝 떨어지지 않는다. 세상 모든 것이 그렇듯, 책이라는 꼴을 갖춰 세상에 나와 독자들과 만나기 훨씬 전부터 출발의 시점이 존재한다. 독자는 보통 최종 완성물을 만나지만, 나는 적어도 기록일지언정 그 출발의 시간부터 이 책이 거쳐 온 중요한 순간들을 독자와 공유하고 싶었다. 그 출발부터 어떤 사람이 누구와 함께 어떤 마음으로 책이라는 최종 물성에 도달하기까지 달려왔는가를 기록해 두기로 마음먹었다. 기록은 그것으로 그치지 않을 터였다. 한 권의 책으로 세상에 등장한 이후까지도, 이 책이 세상에서 쌓아 나갈 시간을 덧대어 기록해 둘 공간을 마련하고 싶었다. 그렇게 만든 것이 '이 책을 둘러싼 날들의 풍경'이다. 이로써 혜화1117에서 만든 모든 책의 마지막 장에 반드시 들어갈 요소가 탄생했다. 첫 책 『외국어 진파딤』을 둘리쌘 풍경에 들이갈 기록을 거슬러 모으니 바야흐로 이 책의 출발은 2016년부터였다. 그때만 해도 이 책이 내 출판사의 첫 책으로 나올 거라고 누군들 짐작했으랴. 2018년 책이 나올 때까지의 기록을 뒤에 품고 세상에 나간 『외국어 전파담』은 쇄를 거듭할 때마다 더 풍성한 이야기를 담아 간다.

할 일은 또 있었다. 나는 편집자이면서 출판사 대표여야 했다. 즉, 나의 할 일은 원고와 교정지에서 그치지 않는다. 교정지가 책이 되려면 제작을 해야 한다. 그걸로 끝인가? 당연히 아니다. 제작된 책은 어디엔가 쌓여 있어야 하고 세상 곳곳으로 퍼져 나가야 한다.

회사 다닐 때는 한 번도 고민해 본 적이 없었다. 이미 존재하는 시스템에 진입하는 아이디와 비밀번호만 받아 접속하면 현황을 고스란히 볼 수 있었다. 하지만 이제 이걸 다 내가 알아서 해야 했다. 세상에 제작처는 많고, 유통업체도 많다. 나는 출판사만 알았지, 이런 곳들의 존재는 단 한 번 생각해 본 적도 없었다.

몇몇 업체와 미팅을 하고, 견적서를 받아 들고 여기가 나은지 저기가 나은지 비교 분석해서 결정이라는 걸 해야 한다고 했다. 나도 그렇게 했다. 나는 이쪽으로는 매우, 심각할 정도로 머리가 안 좋다. 마트에서 장을 볼 때 나의 진면목은 그대로 드러난다. 두루마리 휴지 하나를 제대로 사기 어렵다. 방금 봤던 A회사의 제품이 미터당 얼마인지 봤지만 그걸 내려놓는 순간 숫자는 내 머리에서 사라진다. 다시 또 B회사의 제품을 들면서 방금 전에 본 것과 이것의 차이가 뭔지를 도대체 간파할 수가 없다. 어디 휴지만이겠는가. 고기도, 채소도, 과자도. 마트는 나에게 혼돈의 장이다. 그런 내게 거래처 결정은 너무 어렵고 두려운 일이었다. 여기에서 잘못 결정하면 세상이 나를 바보로 볼 것 같았다. 여차하면 매우 불리한 조건으로 얼떨결에 사인해 버리는 건 아닌지 근거도 없는 불안에 휩싸였다. 아예 안 할 수는 없고, 그래도 시늉이라도 내야 할 것 같아 몇몇 유통업체에서 견적서라는 걸 받아 보았다. 봐도 무슨 말인지 알 수가 없었다. 모르면 물어보면 된다고들 했다. 그게 그렇게 쉽지 않았다. 일단 질문은 뭘 알아야 가능하다. 기본적인 개념조차 탑재되어 있지 않은 내게 질문이 있을 리 없다. 그저 속마음은 혹시 바가지를 쓰는 건 아닐까, 아무것도 모른다고 다른 곳보다 불리한 조건을 제시하진 않을까, 의심이 하늘 끝까지 차올랐지만 겉으로는 내색할 수가 없어 답답할 뿐이었다. 하지만 어쩌면 앞으로 거래처가 될 수도 있는데 처음부터 너무 따지고 드는 듯한 인상을 주고 싶지는 않았다. 화재 보험 가입 유무, 한 달 기본 사용료의 포함 범위, 반품 도서의 재생 서비스, 반품 내역 입력 유무, 하다못해 건당 택배비까지 따져 볼 것은 많았지만 업체마다 이게 좋은 거 같으면 저게 손해인 것 같고, 저게 좋은 거 같으면 이게 손해인 것만 같았다. 어떤 점이 내게 유리하고 불리한지 판단할 수 없었다. 설령 판단한다 한들 내 결정이 옳았다고 자신할 수도 없었다. 나는 그냥 '선배' 찬스를 쓰기로 했다. 공연히 힘 빼지 말고 쉽게 쉽게 가자. 이걸로 고민하고 불안해하느니 먼저 간 사람들 뒤를 따라가는 게 가장 속 편할 성싶었다. 설명을 듣기는 했지만 무슨 말인지 못 알아듣는 게 훨씬 많았다. 그러니 그냥 연락해 보라는 사람에게 연락해 잘 부탁한다고 인사를 나누고 책 나올 무렵 찾아가겠다고 하는 걸로 결정을 끝냈다. 너무 무책임한 결정이 아니었냐고 할 수 있겠으나 돌이켜봐도 그것이 그때는 최선이었다. 일단 해 보고, 맘에 안 들면 나중에 바꾸면 되는 일이니 너무 고민하지 말라고 누군가 조언해 줬다. 그 말이 맞았다. 그것 말고도 결정할 일이 산더미였다. 우선순위를 정하고, 나중에 바꿀 수 있는 것은 빨리 빨리 결정하고 넘어가길 잘했다. 그때나 지금이나 같은 생각이다.

여기까지가 '우리끼리'의 일이라면 이제 공식적인 절차를 밟아야 한다. 2017년 겨울부터 시작한 첫 책 작업은 해를 넘겨 거의 마무리 단계에 접어들었다. 때는 바야흐로 2018년 봄. 출간 일정도 거의 정해졌다. 출판사 이름도 정했으니 출판사 주소지의 구청을 찾아갈 차례다. 시스템이 갖춰진 세상은 편리하다. 여러 말 주고받을 것도 없이 일사천리로 진행된다. 출판사 신고서를 작성하고, 준비한 서류를 내면 끝이다. 며칠 지나니 완료

되었다는 연락이 오고, 등록면허세를 내니 신고필증이 나온다. 이번에는 세무서다. 세무서 민원실에 가서 사업자등록 신청서를 작성한다. 업태와 업종을 잘 모르면 직원에게 물어보고 작성해도 된다. 신청 후 근무일 기준 사흘 이내에 발급되고, 별도 비용은 없다. 그렇다면 이제 끝인가? 아니다. 반복해서 지겨우실 수 있겠으나 또 말한다. 출판사는 책으로 존재한다. 사업자등록증을 받았다고 출판사가 아니다. 아니, 정확히 말하면 출판사는 출판사지만 출판사로 존재하는 이유가 없다고 말해야 할까. 첫 책 나올 날이 얼마 남지 않았다. 이제 해야 하는 일. 내가 만들어 세상에 내보내는 책의 고유번호, ISBN(International Standard Book Number)을 만들어야 한다. 국립중앙도서관에 회원 가입을 한 뒤 '서지정보유통지원시스템'을 통해 번호를 발급받으면 된다.

여기까지 하면 끝인가. 물론 아니다. 그동안 개인으로 존재했다면 이제 새로운 자아로 세상에 신고식을 해야 한다. 무슨 신고식? 사업자명의 통장을 개설해야 비로소 마무리가 된다. 어떤 은행이든 큰 차이는 없다. 나는 그동안 월급을 자동이체받던 은행의 가까운 지점에서 사업자통장을 개설했다. 은행 창구 직원은 나를 보자마자 '사장님'이라고 불렀다. 출판사 대표가 되기 위해 지난 몇 달 동안 머리 싸매고 고민하며 여기까지 왔다. 그런데 은행 창구에 앉아 사장님이라는 호칭을 듣고 있자니 마음은 이미 출판사 차린 지 백 년은 된 것 같았다.

그 후로 한 달. 첫 책을 세상에 내보내기 위해 하루를 열흘처럼 보낸 그 한 달은 그동안 내가 한 번도 경험하지 못한 시간이었다. 노동의 밀도는 매우 높았고, 촉수는 온통 예민해졌다. 주위에 흐르는 미세한 자극과 사소한 공기의 흐름도 포착할 만큼 나는 팽팽하게 긴장해 있었다.

문자 몇 번, 통화 몇 번으로 인사를 나눴던 제작처와 정식으로 계약할 때가 왔다. 종이 발주부터 입고까지 모든 걸 챙겨 주는 업체다. 몇 부를 팔아야 이익이 발생하는지, 책값은 얼마를 받아야 하는지도 이 업체에서 제공하는 서식을 통해 파악할 수 있다. 골치 아픈 제작 사고도 최선을 다해 해결해 준다.

아무리 많은 통화와 문자를 주고받았더라도 계약서 작성 전까지의 나는 그저 출판을 준비하는 수많은 사람 중 하나였다. 계약서를 작성하자 혜화1117은 비로소 '거래처'가 되었다. 어디에서 어떻게 책이 만들어지는지를 비로소 볼 수 있었고, 내가 앞으로 집행해야 하는 일들의 실체를 만날 수 있었다.

유통업체 역시 다르지 않다. 경기도 일산에서 십수 년을 살았는데, 한 번도 가 보지 못한 길을 꾸불꾸불 찾아 들어간 곳에 내가 거래할 유통업체가 있었다. 출판사의 책을 모두 관리해야 하는 곳이니 넓은 공간이 필요한 거야 당연하건만, 눈으로 보는 것은 책상에서 떠올리던 것과는 매우 다른 느낌이었다. 수많은 책이 쌓인 이 공간에 혜화1117의 책이 들어온다니.

　이곳에서도 설명을 듣고 난 뒤 계약서에 도장을 찍었다. 열심히 읽기는 했지만 무슨 말인지 눈에 잘 들어오지 않았다. 때는 바야흐로 4월의 봄날, 하늘은 푸르렀다. 내 이름으로 펴낸 책이 곧 세상에 나온다. 이를 맞이하는 준비로 바쁜 나날이었다. 출판사 혜화1117의 문이 세상을 향해 이제 막 열리고 있었다.

5
{ 2018년 5월 5일, 첫 책을 출간하다 }

"대표님, 오늘 오전 중에 ○○○○로 신간 전량 입고 예정입니다. 말씀하신 홍보용 도서는 제본소에 맡겨 뒀습니다."

문자를 받았다. 어쩌면 이렇게 건조할 수가! 혜화1117의 첫 책이 세상에 등장했는데, 팡파르라도 울려야 하는 거 아닌가 싶지만 세상에 그런 일은 없다. 나에게나 인생 최초의 순간이지, 하루에도 몇 종의 책을 만들고 옮기는 이분들에게야 그저 어제와 다를 바 없는 오늘일 뿐이다. 그러나 내게는 어제와 매우 다른 오늘이다. 문자를 받자마자 벌떡 일어나, 일산 장항동 제본소로 차를 몰았다. 그곳에 책이 있었다. 당연하지. 그렇지만 이게 어디 그냥 당연한 일일까.

'어디 보자, 내 책!'

신생아를 만나는 엄마 아빠는 손가락 발가락 열 개 모두 제대로 있는지부터 살핀다더니, 나는 표지부터 본문까지 벌써 수십 번도 더 본 책장을 앞뒤로 넘기고 펼치고 어루만졌다. 마치 내가 나무를 직접 잘라 종이를 만들어 인쇄를 하고 풀칠을 해 만든 것 같다. 그동안 내가 만든 책이 몇 권인데, 마치 태어나 처음 책 만든 것처럼 이렇게 심장이 뛰다 못해 오들오들 떨릴 건 또 뭐냐. 이건 좀 오버 아니냐 싶어도 심장이 뛰는 걸 뛴다고 하지, 안 뛴다고 할 수는 없다. 일 년 전만 해도 다른 출판사 직원으로 일하고 있었는데, 어쩌다 직접 출판사를 한답시고 회사를 나와 이리 뛰고 저리 뛰고 하더니 첫 책이 나왔구나. 참으로 감개무량했다. 하지만 부량한 감개만을 붙잡고 있을 수는 없었다.

초판 2천 부. 계약할 때 보고 나온 유통업체의 창고 어딘가에 차곡차곡 쌓일 책을 떠올리니 그 무게에 나부터 압사할 것 같다. 도대체 무슨 배짱으로 여기까지 왔을까, 잠깐 어지럽기까지 했다. 이 책이 나왔다고 나는 어디에 대고 외쳐야 하나. 허허벌판 광야에서 외치는 내 목소리를 들어 줄 자 누구냐. 아무도 없다. 이게 현실이다. 숨이 턱 막히는 느낌이다. 그렇다고 상상의 무게 아래 넋을 놓고 깔려 있을 수만은 없다. 어떻게든 이 책을 세상에 알려야 한다. 책을 손에 쥔 순간부터 나의 모든 세포에는 비장함과 결의가 저절로 탑재되었다.

회사 다닐 때 책이 나오면 뭘 했더라. 이미 내 노트에는 출간 이후 해야 할 일들이 차근차근 정리되어 있었다.

1. 서점 및 도매업체 미팅.

2. 보도자료 배포.

3. ?

차근차근 정리는커녕 1번과 2번 말고는 할 일이 없었다. 물음표가 이렇게도 아득하게 보인 적이 없었다. 그도 그럴 것이 혜화1117 이름으로 만든 공식 SNS 채널도 변변치 않았다. 이 책의 출간 이후를 부탁할 누군가도 없었다.

보도자료는 최종 데이터를 인쇄소에 보낸 뒤에 이미 다 써 놨다. '외국어 전파담_보도자료_최종', '외국어 전파담_보도자료_최최종', '외국어 전파담_보도자료_진짜최종', '외국어 전파담_보도자료_이제정말최종', '외국어 전파담_보도자료_이제끝' 등등으로 다른 이름으로 저장만 열두 번도 더했다. 일점일획도 더 손댈 필요가 없다고 마침표를 진작에 찍었다. 그런데도 막상 책이

나오니 불안했다. 뭔가 이 책의 매력을 극대화할 '한 방'
이 없지 않아? 미처 못 쓴 또 다른 장점은 없을까? 파일
을 다시 열어 보고 또 보니 심히 불안했다. 이걸로 과연
통할까? 그렇지만 이제 더 고칠 시간이 없었다. 더 미룰
수 없이, 해가 뜨면 나는 파주출판도시에 있는 도매업체
담당자를 만나야 하고, 점심 먹고는 우리나라에서 가장
큰 서점 담당자를 만나야 했다. 미리 챙겨 둔 준비물 가
운데 행여나 빠진 건 없는지 또다시 살폈다.

사업자등록증 사본, 사업자통장 사본, 인감도장, 명
함. 그리고 간단히 정리한 앞으로 펴낼 도서 목록. 또
『외국어 전파담』 책과 보도자료.

만나야 하는 담당자가 몇 명인지 가늠하고 증정도서
부수를 다시 살폈다. 그래도 첫 만남인데 초콜릿이라도
준비해야 할까, 하다못해 음료수라도? 볼펜이라도? 에
라, 다 부질없다. 그런 게 다 무슨 소용일까. 보도자료나
잘 챙기자. 마음이 이랬다저랬다 왔다갔다 했다.

어떻게 해야 첫인상이 좋을까. 수도 없이 태어나고 사
라지는 작은 출판사의 대표라는 존재는 대형 도매업체,
대형 서점 담당자 눈에는 한없이 미약하고 또 미약해 보
일 게 뻔하다(고 나는 생각했다). 처음 만나는 이분들
눈에 책 만드는 일이라면 일가견이 있어 보이게, 앞으로

정말 괜찮은 책을 꾸준히 낼 것처럼 보이는 게 중요하다(고 생각했다). 비록 처음이지만 이 바닥 생리를 알 만큼은 아는 양, 백 년 전부터 준비해 온 사람인 양 노련해 보여야 한다(고 생각했다). 하지만 바닥부터 싹싹 긁어도 원래 없던 자신감이, 있을 리 없는 노련미가 당장 고취될 리 만무했다. 거울을 봐도 답이 없고, 옷장을 열어도 답이 없었다. 푸석하게 보이지나 말자, 영양 듬뿍 콜라겐 팩을 얼굴에 한 장 올리는 걸로 준비는 끝났다.

이렇게까지나 거래처와의 만남에 신경을 썼던 건 이 날의 방문이 단지 첫 책을 내서 담당자 만나 이야기 나누는 것으로 끝나지 않기 때문이다. 출판사로서 첫 거래인 이날은 앞으로 잘해 봅시다, 하는 계약서를 작성하는 날이기도 했다. 계약서의 다른 항목도 중요하지만 무엇보다도 공급률 숫자를 잘 쓰는 게 가장 중요하다. 말 한마디 잘못했다가는 내게 돌아올 몫이 팍팍 줄어들 수도 있었다. 공급률이란 무엇이냐. 혜화1117의 책을 앞으로 이 거래처에서 어떤 조건에 받아서 유통할 것인가에 대한 숫자다. 1만 원짜리 책을 70퍼센트에 공급하면 출판사는 7000원을 받지만 55퍼센트에 공급하면 5500원을 받는다. 한두 권이라면 몰라도 초판 2천 부만 생각해도 그 차이는 엄청나다.

출판사를 시작한다고 할 때 이 공급률을 둘러싸고 워낙에 살 떨리는 소리를 많이 들었다. "어디서는 55퍼센트 이상은 말도 못 꺼내게 한다더라, 60퍼센트만 해도 잘 받는다더라, 70퍼센트는 꿈도 꾸지 마라."

이것만 생각하면 그래도 인생 참 쉽다. 여기에 반품을 전제하지 않는, 한꺼번에 많은 부수를 주문하는 대신 공급률을 조정하는 '매절' 부수 역시 협상의 또 다른 포인트다. 70퍼센트로 계약했다고 치면 매절은 5퍼센트 또는 10퍼센트를 더 내린 65퍼센트나 60퍼센트에 공급한다. 70퍼센트 아래로 계약했다면 매절 공급률은 더 낮아진다.

"예전에는 100부가 일반적이었다는데 요즘은 30부 매절도 요구한다더라, 50부는 양반이다, 100부는 꿈도 꾸지 마라" 어쩌고저쩌고 히는 시권 정보기 이미 귀에 들어와 있었다. 여기까지만 있다면 또 인생 참 쉽다. 분야별로 공급률이 다르다. 에세이나 문학 등은 인문이나 학술 분야에 비해 낮게 책정하는 게 일반적이라고 한다. 고려할 사항이 너무나 많고, 하나를 잘못하면 줄줄이 다른 것에도 영향을 미친다. 이 복잡한 업계 용어와 관행의 난무 속에 나는 정신 똑바로 차리자고 수도 없이 다짐했다. 다짐을 할수록 머리에는 뜨거운 김이 자꾸 솟구

치는 느낌이었다. 먼저 시작한 작은 출판사 선배들은 하나같이 이렇게 말했다.

"혼자 가지 마세요. 영업 오래 하신 분들 중 부탁할 만한 분을 찾아보세요."

처음에는 혼자 힘으로 해 보겠다고 생각했다. 내 나이가 몇인데, 이거 하나 못해서 누구한테 부탁을 하나 싶었다. 하지만 거듭 생각해 보니 아무래도 자신이 없었다. 모르는 사람 앞에서 '나로 말씀드릴 것 같으면' 하고 나를 설명해야 한다니 영 어색했다. 작은 출판사 처음 시작하는 나 같은 사람 만나는 일이 일상다반사인 그분들 앞에서 내가 무슨 신경전을 펼치랴, 말 한마디 못하고 내주는 대로 받아쓰기를 하고 나올 것 같았다. 나는 예전에 다니던 회사 부장님께 SOS를 쳤다.

"부장님, 저 좀 도와주세요!"

거래처 담당자와 미팅하기 전에 부장님부터 만났다. 내가 사 드려도 모자랄 판에 부장님은 밥도 사 주시고 커피도 사 주시고 담당자 미팅에도 동행해 주셨다. 나는 입학식 때 가슴에 수건 달고 엄마 따라 가는 코찔찔이 초등학생 심정으로 부장님 뒤를 졸졸 따라갔다. 떨지 말자고, 어찌나 씹어 댔는지 아랫입술이 퉁퉁 부어오를 지경이었다. 심정 같아서는 부장님 손이 아니라 허리춤이라도 잡고 가고 싶었다.

처음 거래를 트려는 곳은 도매업체 한 곳, 대형 서점 한 곳, 온라인 서점 한 곳이었다. 이 도매업체를 통해 전국의 오프라인 서점을 포함한 다른 온라인 서점으로 책을 유통시키고, 염두에 둔 대형 서점과 온라인 서점과는 직접 거래를 하기로 했다. 여러 곳과 처음부터 동시에 계약하는 건 여러모로 너무 부담스러웠기 때문이다.

먼저 도매업체를 찾아갔다. 계약서를 작성하러 들어가면서 나는 그저 중간만 하자고 다짐했다. 서명하고 나와서 바보 소리만 듣지 않으면 다행이라고 생각했다. 부장님으로부터 온갖 팁을 들었지만, 막상 담당자 앞에 앉으니 그동안 뭔 소리를 들었는지 허공에 다 흩어져 버렸다. 부장님이 "이 사람으로 말씀드릴 것 같으면" 하고 내 소개를 하는 동안 나는 미스코리아가 된 것 같았다. 너무 없어 보이게 활짝 웃지 않으면서, 긴장하지 않고 편안한 척 표정을 만들고 있으려니 얼굴이 경직되고 입술 근육만 실룩거렸다. 첫인사를 나누고, 혜화1117을 소개하고 첫 책『외국어 전파담』을 보여 줄 때까지 너무나 일사천리로, 물 흐르듯 쉽게 술술 진행이 되었다. 계약서가 등장하고 담당자의 친절한 설명을 들었다. 공급률 부분에서 첨예한 신경전이 펼쳐질 거라 예상했으나, 그런 일은 일어나지 않았다.

"저 진짜, 아무것도 모르거든요. 다른 사람들한테 바보 소리만 듣지 않게 해 주세요."

지금도 믿을 수 없다. 분명히 머릿속으로만 생각했는데 나도 모르게 입에서 이런 말이 나왔다. 앞에 계신 담당자는 진정 당황한 표정이었다. 지금까지 이런 출판사 대표는 없었을 거라고 확신한다. 이 말을 뱉은 나는 어땠을까. 옆에서 부장님 헛기침 소리가 났다. '바보' 소리가 귓가에 들리는 것 같았다. 그렇지만 그 덕분에 (라고 생각하련다) 중간은 했다.

"책은 바로 보내 주실 수 있죠? 내일 오전에 ○○○부 넣어 주세요."

첫 계약서를 그렇게 쓰고 나오니 민망했지만, 부장님은 이렇게 말씀하셨다.

"잘한 거야, 저쪽에서 잘해 준 거야."

어른 잘 만나 부끄러움을 덜었다. 역시 경험만큼 좋은 선생님은 없다. 한 번 해 보니 훨씬 자신감이 생겼다. 다음 거래처는 대형 서점이었다. 자신감은 담당자 만나고 1분도 안 지나 사라졌다. 원하는 조건을 피력해 봐야 소용이 없다는 걸 자각했다. 이 서점과 거래하지 않고는 책을 제대로 유통시킬 수 없었다. 거래하려는 이들은 줄을 서 있고, 서점에서 내세우는 조건은 협상의 대상이 아니라 기준이었다. '받아들일 것인가 말 것인가'일 뿐 협상은 선택지에 올라오지도 않는다.

"이걸로 너무 힘 빼지 않는 게 좋아."

부장님 말씀을 들었어야 했다. 나는 서점에서 내세우는 조건을 받아 들고 한 번만 더 생각해 달라고 했다. 하루 더 시간을 갖기로 했다. 결과는 달라지지 않았다. 소심하게나마 협상을 시도했다는 것으로 위안을 삼았지만 그게 무슨 의미가 있을까 싶었다. 진작 부장님 말씀을 들을걸, 하고 생각했다. 그 뒤 거래계약 담당자를 만났고 매장 담당자와 온라인 담당자를 연달아 만났다. 매장 담당자는 안면이 있는 분이었다. 말하자면 과거의 내가 유명 출판사의 편집부장씩이나 하고 있을 때 이 서점의 신규 사업 담당자였던 그분이 회사로 오셔서 만난 적이 있다.

마음껏 까칠했던 시절이었다. 당시 영업부장님이 "웬만하면 잘해 드리면 좋겠다"고 당부하셨지만, 나는 대형 서점의 신규 사업에 출판사가 무조건 예스만 할 수는 없다고 생각해 매우 서늘하게 그분을 대했다. 그랬는데, 시간이 흘러흘러 내 앞에 그분이 앉아 계셨다. 그분은 대형 서점 인문 분야 담당자로, 나는 이제 막 시작한 작은 출판사 대표로. 말로만 듣던 '손에서 진땀 나는' 상황을 진짜 경험한 건 그때가 처음이었다. 과거 까칠했던 내 뒤통수를 한 대 치고 싶었다. 그분은 과거 인연 따위 아랑곳하지 않고 정말 잘해 주셨다. 나는 뒤통수가 보일 만큼 깍듯하게 인사를 하고 나왔다. 다음은 온라인 담당자를 만나는 순서. 내 인생 최초로 생면부지 서점 엠디 MD와 미팅을 했다.

"이 책으로 말씀드릴 것 같으면……"

줄줄줄 읊어 댔다. 이분 눈에 어떻게든 잘 보여서 '오늘의 책'으로 선정되고 싶었다.

이렇게 미팅이 끝나니 어느덧 하루가 끝났다. 파주출판도시는 2003년부터 2017년까지 내 구역이었다. 이곳의 노을은 무척 아름답다. 근무처로 익숙했던 이 구역을 벗어나 자유로를 달려 집으로 돌아오는 길. 노을은 눈에 들어오지도 않았다. 나는 스피커 볼륨을 최대한 높였다. 롤러코스터의 「힘을 내요 미스터 김」을 마구 따라 불렀다.

"기죽지 말아요. 어깨를 쫙 펴고 당당히 맞서요.
이제부터라도 신나게 맘대로 멋지게 사는 거죠."

한 고비 넘겼다는 안도에 저녁밥이 무척 달았다. 다음 날도 미팅이다. 콜라겐 팩을 또 한 장 얼굴에 올려 두고

깊은 잠에 빠졌다. 출판사 대표로서의 공식적인 첫날이
끝났다.

6
{ **할 수 있는 모든 노력을 쏟을 수밖에** }

다음 날에도 다음 날의 해가 떴다. 이번에는 유일하게 직거래를 시작한 온라인 서점과 계약하러 가야 한다. 미리 해당 서점 사이트에 희망하는 공급률을 적어 놓고, 계약을 위한 미팅을 신청했다. 여기까지 부장님께 같이 가 주십사 부탁드리기에는 거래처 첫 미팅 때 내 모습이 너무 부끄러웠다.

"이만큼 도와주셨으니 이번에는 혼자 힘으로 어떻게든 해 볼게요."

부장님은 너무 걱정하지 말라고 하셨다. 같은 회사를 다니는 동안 나는 그분께 어떤 사람이었을까. 편집부에서 책을 만드는 동안 내 일에 대한 자긍심은 하늘을 찔

렀다. 물론 예의를 갖춰 대하기는 했지만, 내가 맡은 일에 대해서는 누구라도 토를 다는 걸 내심 꺼렸다.

'내 일은 내가 알아서 한다.'

이게 내 직장 생활의 모토였다. 그런 내가 느닷없이 회사를 차린다고 나서더니 코찔찔이가 되어 있다. 이런 내가 나도 낯설었다. 온라인 서점 하나 정도는 나 스스로 잘해 보겠다, 두 주먹을 불끈 쥐었다.

불끈 쥔 주먹이 무색하게도 이번 계약은 잘 풀렸다. 계약 담당자는 결코 고압적이지 않았다. 하긴 다른 거래처에도 고압적인 분은 아무도 없었다. 내가 워낙 긴장했고, 혼자 쫄았고, 혼자 오버해서 겁을 먹었을 뿐. 앞서 했던 하루치 경험이 도움이 되었음은 물론이다. 공급률 이야기도 더 할 필요가 없었다. 업계의 '상식선'에 크게 벗어나지 않을 징도로 미리 내가 써 넣은 공급률 숫자를 존중해 줬고, 계약은 순조롭게 체결되었다.

온라인 서점 엠디 미팅을 앞두고 흉흉한 말이 워낙 많았다. 대기번호도 없이 무작정 기다려야 하는데, 누가 먼저 엠디 앞에 앉느냐를 놓고 출판사 영업자끼리 신경전이 살벌하다더라, 영업자가 책 이야기하는데 엠디는 눈도 안 맞추고 노트만 본다더라, 잘 나오던 말이 그 앞에만 앉으면 어버버버 한다더라, 너무 오래 엠디를 붙잡고 있으면 다른 출판사에서 뒷말이 나온다더라, 음료수라도 사 가지고 가면 역시 다른 사람들에게 눈총 맞는다더라…… 공개된 장소에서 동시다발적으로 이루어지는 미팅이라 온라인 서점 엠디는 물론 업계 사람들의 시선 역시 의식해야 한다는 조언 아닌 조언들이 난무했다.

방금 직거래 계약을 맺은 온라인 서점과 직거래를 하지 않는 또 다른 온라인 서점 한 곳의 엠디 미팅을 하루에 잡았다. 홀로 엠디를 만나는 것도 처음이었다.

"안녕하세요, 혜화1117 이현화 대표님 되시죠?"

시인은 말했다. 내가 그의 이름을 불러 주었을 때 그는 나에게로 와서 꽃이 되었다고. 그가 나의 이름을 불러 주었을 때 나는 출판사 대표가 되었다. 그분은 몰랐을 거다. 출판사 대표로서의 나의 이름을 처음으로 불러 준 사람이 자신이었다는 걸. 나는 어정쩡한 태도로 책을 내밀었다.

"첫 책인데 대단하시네요."

엠디를 둘러싼 흉흉한 소문은 적어도 혜화1117의 첫 책 『외국어 전파담』이 속한 인문 분야 담당자들에게는 해당되지 않았다. 먼저 만난 온라인 서점 엠디는 안면이 있었고, 다른 서점 엠디들은 생면부지였다. 모두 매우 친절하고 유쾌했다. 약속을 정하고 나서 마주 앉기 전까지 줄줄줄 외웠던 책 소개는 미처 읊을 타이밍도 없었다.

남의 말 한마디에 하늘을 날 것 같은 기분이 드는 게 대체 얼마 만인가. 두둑한 주문 부수를 챙겨 들고 충정로를 거쳐 여의도로 향하는 버스 안에서 자꾸 어깨가 올라가려는 걸 겨우 참았다. 하지만 다시 여의도공원을 지나 집으로 향하는 버스 안에서는 온 얼굴에 번지는 웃음을 참을 방도가 없었다.

거래처 계약과 담당 엠디 미팅까지 이틀 동안 일사천리로 마쳤다. 아쉬운 점이 없지 않았지만 흘러간 것은 흘려보내고 앞으로 전진할 뿐이다. 이제 할 일은 무엇일까. '일점일획도 고칠 것 없는 완벽'한 보도자료를 언론사에 보낼 차례였다.

보도자료라는 건 참 요상한 문서다. 회사 다닐 때는 언론사에 보내기 전 사장님께 먼저 보여 드려야 했다. 직급이 낮을 때는 위의 과장님, 그 위의 차장님, 그 위의 부장님까지 순서를 거친 뒤 사장님 차례가 된다. 이 과정에서 어떤 분이 빼라고 한 걸 다음 분이 다시 넣으라고 하거나, 어떤 분이 넣으라고 한 걸 또 다른 분이 빼라고 해서 수십 번 고치고 지우며 세월을 보낸 적도 있다. 나이가 들어 직급이 오른 뒤에는 내 위에 바로 사장님이었다. 때로 보도자료 검토 타이밍에 사장님 외부 일정이 있을 때는 점검 없이 그냥 보내기도 했는데, 밖으로 나가는 문서라 점검을 받는 게 여러모로 맘이 편하긴 했다. 그러다 보니 보도자료를 쓸 때면 머리 위에 있을 것만 같은 누군가의 눈이 자꾸만 의식된다. 뭔가 놓쳐 지적받으면 괜히 민망하니 놓친 건 없는지 보고 또 보게 된다.

내가 사장이 되면 누구의 검토를 거치지 않고 내 맘대로 써서 내 맘대로 보내도 될 테니 부담이 덜할 줄 알았다. 아니었다. 봐 줄 사람이 없으니 이걸 도대체 어떻게 해야 하나, 끙끙대는 시간이 훨씬 더 늘어난다.『외국어 전파담』보도자료는 누구의 점검도 없이 나 홀로 처음부터 끝까지 써서 내보내야 하는 첫 번째 작업이었다. 너무 진부하지도, 그렇다고 너무 튀지도 않게 진중한 느낌으로 쓰고 싶었다. 앞에서 완벽하다고 했지만, 백 퍼센트 허세다. 수십 번 들여다보고 또 들여다봤다. 볼수록 자신이 없었다. 혜화1117 출판사는 이제 갓 태어났지만 혜화1117의 책은 오랜 세월 동안 책을 만든 사람에 의해 태어난 것임을 한눈에 딱, 알게 하고 싶었다. 그러나 세상에 그런 일이 얼마나 있을까. 아니 가능한 일이긴 한 걸까.

설령 그렇게 완벽한 보도자료를 보낸다 한들 문제는 또 있다. 수많은 출판사 가운데 혜화1117이라는 이름을 아는 자 누구랴. 단 한 명도 없다. 그도 그럴 것이 이제 막 생겼으니 누구에게나 듣도 보도 못한 곳일 텐데 누가 눈길이나 줄 것인가. 아무리 생각해도 보도자료와 책만 보내서는 관심을 받을 가능성이 적어 보였다. 보도자료 배포 대행업체 사이트에서 받아 둔 언론사 문화부 책 담당 기자 목록을 펼쳤다. 이름을 검색한 뒤 이메일 주소를 모두 찾았다. 낯익은 이름도 있고 잘 모르는 이름도 있었다.

신간 보도자료는 대행업체를 통해 발송하는데, 보통 금요일 오전 또는 월요일 오전에 보낸다. 그래야 주말에 주로 게재되는 출판면에 새 책 리뷰가 실린다. 서울 시내 언론사는 오전에 보내면 오후에, 오후에 보내면 다음 날 오전에 담당 기자들 책상 위로 책과 보도자료가 도착한다. 발송 전날, 나는 책을 보내기로 한 언론사 기자 한 사람 한 사람에게 이메일을 쓰기 시작했다. 메일 제목은 이랬다.

"[신간 안내] 『외국어 전파담』을 펴낸 혜화1117 이현화입니다"

처음 시작할 때만 해도 매우 건조하게, 나는 누구고

이번에 출판사를 새로 시작했고, 이러이러한 책을 만들었으며, 내일 책을 보내려 하니 관심 부탁드린다고 용건만 간단히 쓸 생각이었다. 그런데 쓰다 보니 그렇게 되질 않았다. 한 번이라도 메일을 주고받은 적이 있다면 내가 어디에서 무슨 책을 만들었던 바로 그 이현화라는 걸 어떻게든 상기시키기 위해 애를 썼다. 한 번도 연락을 주고받은 적이 없다면 '잘 모르시겠지만 나로 말씀드릴 것 같으면' 하면서 얼굴 마주 보고는 차마 못할 자기 자랑(이라고 여겼지만 결코 자랑이 될 수 없는 이력)을 낯부끄럽게 시전했다. 여기에 더해 내가 앞으로 꾸려 갈 혜화1117이라는 회사는 서울 종로구 혜화동 한옥을 고쳐 지은 곳에서 시작했고 주소에서 따온 이름이라는 걸 슬쩍 언급하면서 뭔가 좀 폼이 나지 않을까 하는 기대를 부끄러움 없이 마구 표했다. 나아가 앞으로의 출간 계획도 과장 아닌 과장 같은 확인할 수 없는 사실을 점잖은 말투에 실어 부각하고, 이번에 만든 『외국어 전파담』은 이러저러한 책이라고 구구절절하게 소개했다.

그러다 보니 때로는 읍소가 되고, 때로는 잘난 척이 되고, 때로는 자학개그가 되는 매우 다종다양한 메일을 쓰고 있는 나를 발견했다. 메일 내용에는 보도자료 파일을 굳이 첨부할 필요가 있을까 싶을 만큼 책 소개가 이미 차고도 넘치게 들어가 있었다. 지성과 교양과 기품을 갖춘 출판사 대표의 메일을 바랐으나 실상은 조증과 울증의 낙차가 매우 심한, 누가 봐도 간절함이 민망하게 드러나는, 허둥대는 초짜임이 역력한 메일이었다.

과연 이렇게 메일을 보낸다고 효과가 있을까? 물음표가 없지는 않았다. 하지만 회사 이름만 들어도 무조건 믿고 보는 출판사에서 책을 낼 때와는 상황이 달랐다. 그때 언론사 기자들과 친분을 좀 쌓아 뒀다면 달랐을까? 여러 일을 동시에 잘하지 못하는 나는 책 만드는 일만 하기에도 벅찼다. 게다가 편집자는 책 뒤에 가려진 존재여야 한다고 굳게 믿던 시절도 있었다. 저자 서문에 일부러 써넣은 편집자 이현화에게 고맙다고 쓴 문장까지 민망해하며 고집을 부려 빼기도 했다. 책 만드는 일 밀고 다른 데 신경 쓸 시간이 있다면 책성 위 교정지에 잘못된 연도는 없는지 숫자 하나라도 더 챙기고 살피는 게 생산적이라고 여겼다.

그렇지만 오랜 시간 책을 만들어 왔는데, 그래도 꽤 이름 있는 곳에서 일해 왔는데, 첫 책이 나온 뒤 이런 책 만들었다고 미리 알릴 만한 곳 하나 없다니. 이게 내가 맞닥뜨린 현실이었다. 출판사 대표로서는 참 무능력하다는 사실을 인정하지 않을 수 없었다. 골방에 숨어 살

듯 나 홀로 책을 만들며 살아온 탓이었다. 느닷없이 출판사를 시작한 탓이었다. 그렇다고 주저앉아 한탄만 할 수는 없었다. 다시 돌아가도 달리 살 것 같지는 않았다. 그렇다면 지금 맞닥뜨린 현실에서 최선을 다하는 수밖에. 아무도 몰라보는 출판사에서 펴낸 첫 책에 누군가의 관심을 끌 수만 있다면 뭐라도 해야 했다. 이 책을 받을 언론사 기자들에게 미리 이메일을 쓰는 것, 그래서 적어도 봉투째 외면받는 일은 막는 것, 봉투를 열어 무슨 책인지 들여다보게는 하는 것. 이것이 내가 할 수 있는 노력의 전부였다. 이것만큼은 하지 않을 도리가 없었다.

'최소한 봉투를 열고 살펴보게라도 하자.'

그게 내 노력의 최대치였다. 그분들의 관심을 끄는 건 그 다음이었고, 그건 내 노력으로 할 수 없는 일이었다. 저녁밥을 먹자마자 이메일을 쓰기 시작했는데, 마지막 메일을 쓰고 나니 시간은 자정 넘어 새벽으로 가고 있었다. 메일 한 통마다에 담긴 간절함을 메일의 수신자들이 알아주길 그저 바랄 뿐이었다.

7
첫 책을 향한 세상의 환호,
그 앞에서 어찌할 바를 모르다

책이 나온 뒤 가까운 친구 어머님이 갑자기 돌아가셨다는 소식을 들었다. 상가는 경상북도 풍기였다. 부랴부랴 친구들과 함께 내려가는 길이었다. 고속도로 휴게소에 들러 잠시 바람을 쐬고 있는데 후배에게 전화가 왔다.

"축하드려요. 알라딘 메인에 『외국어 전파담』이 떴어요!"

"그게 무슨 말이야? 일단 전화 끊어 봐."

정말이었다. 온라인 서점 알라딘의 첫 화면 인문 분야 편집장의 선택에 『외국어 전파담』이 올라와 있었다. 미팅할 때만 해도 그저 유쾌했을 뿐, 별말은 없었다. 이렇게까지는 바라지도 않았는데, 뜻밖의 장면에 울컥했다. 어떻게 이런 일이 일어났는지 알 수 없었다. 친구 어머님 상가에 내려가는 길이라 마음 놓고 환호할 수도 없었다.

그 직전까지만 해도 세상은 내가 출판사를 새로 시작했는지, 『외국어 전파담』이라는 책이 나왔는지 아무런 관심도 없는 듯했다. 서점 미팅을 하고, 언론사에 보도 자료를 보내고 며칠이 지났는데 그랬다. 책을 쓰신 로버트 파우저 선생님은 물론 가까운 주변 분들과 그저 첫 책 만드느라 애썼다며 자축했을 뿐 아무런 일도 일어나지 않았다.

그런데 뜻밖에도, 느닷없이 온라인 서점 첫 화면에 이 책이 등장한 것이다. 이것이 신호탄이었다. 책을 받은 언론사에서 연락이 오기 시작했다. 책에 실린 이미지를 몇 장씩 보내 달라고 했다. 언론사에서 신간 관련 연락을 해 올 때 이미지 요청 여부는 매우 큰 관심사다. 이미지를 요청한다면 기사 크기가 꽤 클 거라는 기대를 품게 된다. 괜히 기대했다가 실망하고 싶지 않아 떨리는 마음을 달래느라 애를 먹었다. 메일 보셨느냐는 질문은 꺼내지도 못했다. 모쪼록 내가 보낸 그 메일은 잊어 달라고 말하고 싶었지만, 부끄러워 입도 떼지 못했다.

주말이 가까워지면서 출판 관련 기사가 포털에 등장하기 시작했다. 하루에도 몇 번씩 '외국어 전파담'을 검색했다. 검색할 때마다 새로운 기사가 나타났다. 전면으로 책을 소개한 곳도 있고, 저자 인터뷰를 따로 한 곳도 있었다. 매체마다 매우 다양하게 책과 저자를 소개했다. 어떤 곳에는 출판사 이름이 잘못 나가기도 했다. 다 괜찮았다. 얼마든지 넘어갈 수 있었다. 며칠 전까지만 해도 허허벌판에 혼자 서 있는 것 같았는데, 세상이 나를 향해 애썼다며 박수를 쳐 주는 것 같았다.

기사가 나간 뒤 며칠 만에 초판 2천 부가 다 나갔다. 도매업체에서는 작은 출판사가 첫 권에 이렇게 좋은 반응을 얻은 건 오랜만이라며 책 부족하지 않게 미리 준비해 달라고 연락이 왔다. 이 와중에 교보문고 주문이 매장과 온라인으로 구분되는 걸 전혀 몰랐던 나는 한쪽으로만 책을 보내 버리는 엄청난 실수를 했고, 매장에 책이 없으니 퀵으로라도 빨리 보내 달라는 지점 담당자들 연락을 몇 차례나 받아야 했다. 땀이 삐질 나는 이 어이없는 상황을 수습해 준 건 내가 과거에 서늘하게 대했던 바로 그분이다. 오늘의 나를 부끄럽게 하는 건 다름 아닌 과거의 나 자신이라는 사실을 그분 덕분에 배웠다. 직접 거래 계약을 하지 않은 다른 서점에서 직거래 요청

이 들어오기 시작했다. 매일매일 어쩌지, 어쩌지 이러면서 살았다. 처음 마주하는 상황은 여러모로 당황스러웠지만 나는 어느새 '혜화1117 이현화 대표님'이라는 호칭에 익숙해지고 있었다.

그러는 동안 초판은 거의 동이 나고 있었다. 바로 2쇄를 준비해야 했다. 분명히 즐겨 마땅한 순간인데, 겁이 덜컥 났다. 이런 상황에서 과연 2쇄는 몇 부를 찍어야 할까. 2쇄를 찍었는데 이미 나간 1쇄 2천 부가 모조리 반품되는 꿈을 꿨다. 창고에 새로 찍은 2쇄가 그대로 쌓여 있는데 1쇄가 모조리 다시 들어와 겹겹으로 쌓인 책들이 순식간에 무너지는 꿈도 꿨다. 나는 다시 부장님께 연락을 드렸다.

"부장님. 초판이 다 나가서 재고가 얼마 없어요. 이대로 가면 곧 품절되겠는네 2쇄를 몇 부나 찍어야 할까요?"

부장님은 그걸 결정하는 것이 대표의 일이라고 하셨다. 나도 모르게 장탄식이 흘러나왔다.

"아이고야. 부장님, 진짜 모르겠어요. 어떻게 하죠?"

부장님은 주말에 기사가 나온 뒤 그다음 주 요일별로 어디에서 몇 부씩 주문이 들어왔는지를 되물으셨다. 주문 현황을 들으신 뒤 자신이라면 2천 부를 찍겠다고 하셨다.

"2천 부요? 그러다 다 반품되면 어떡해요? 이렇게 나가다가 주문이 뚝 끊기면 또 어쩌죠?"

그거야 아무도 모르지만, 주문 들어오는 걸 보니 그 정도는 해도 되겠다는 게 부장님 의견이었다. 뭔가를 판단하고 결정하고, 그 책임을 나 홀로 진다는 게 어떤 것인지 절감했다. 이게 망하면 손에 쥔 게 별로 없는 나는 정말 망한다. 돈이 많아서 출판사를 시작한 게 아니었다. 이미 집 고치는 일에 가진 돈을 모두 들이붓고 있었다. 그럼에도 불구하고 나는 부장님 의견에 가진 걸 다 걸었다. 올컬러 책은 500부만 찍기는 어렵다. 권당 제작비가 너무 높기 때문이다. 1천 부 찍는 비용과 2천 부 찍는 비용 차이는 그리 크지 않다. 계산기를 두들겨 본 나는 반품이 쏟아지지만 않는다면 괜찮겠다고 '판단'이라는 걸 했다. 출판사 대표로서 최초로 내린 가장 큰 결정이었다. 2018년 5월 5일에 초판 2천 부를 찍은 『외국어 전파담』은 그리하여 5월 18일에 2쇄 2천 부를 더 찍게 된다. 결과는 어땠을까. 사느냐 죽느냐를 고민할 만큼 반품은 쏟아지지 않았다. 초판만큼은 아니었지만 그 뒤로도 순조롭게 판매가 유지되어 4쇄까지 찍었다.

이것으로 고민 끝, 행복 시작일까? 그게 그렇지 않았

다. 나는 한편으로 불안했다.

'내가 출판사를 하며 평생 얻을 수 있는 행운이 이걸로 끝나는 건 아닐까. 누구에게나 평생에 걸쳐 받을 수 있는 행운의 총량이 있다면『외국어 전파담』하나로 다 써 버리는 건 아닐까?'

이런 내 고민을 들어 준 작은 출판사를 먼저 시작한 선배 대표(바로 이 책의 발행인 조모 대표다)는 이렇게 말했다.

"받을 수 있는 행운이 이게 전부라면 너무 슬프잖아요. 더 좋은 일이 있을 겁니다. 나중을 염려하지 말고 지금을 즐기세요."

이 말이 어디를 봐서 감동적인가. 그저 누구나 할 수 있는 말 아닌가. 그런데 참으로 희한하게도 이 말을 듣자 요동치던 불안이 순식간에 가라앉았다.

'그래, 그렇지. 다시 못 올 순간이라면 더욱더 즐겨야지. 나중 일은 나중에 생각하고.'

불안이 잦아들었다고 해서 고민이 끝난 건 아니다. 책이 이렇게 나가자 나는 내 역할에 대해 또다시 생각했다. 말하자면 이런 심정이었다.

'공부 잘하는 자식을 둔 가난한 부모.'

내가 특별히 무슨 노력을 한 것도 아닌데『외국어 전

파담』은 제 힘으로 홀로 이 세상에서 스스로의 존재 가치를 증명하고 있었다. 잘 나갈 거라고 예상조차 하지 않았던 책이다. 앞에서도 말한 바 있지만, 출간 순서를 정할 때 무조건 잘 나갈 법한 책을 처음에 배치하라는 조언을 듣긴 했지만, 나는 앞으로 혜화1117이라는 출판사에서 어떤 방향의 책을 낼 것인지 상징적으로 말해 주는 책을 먼저 내는 게 맞다고 생각했다. 『외국어 전파담』은 그런 이유로 첫 번째 책이 되었다. 그런데 나의 예상과 달리 이 책은 미처 꿈도 못 꿨던 일들을 내 앞에 펼쳐 보이고 있었다.

조금만 더 힘을 보태면 더 나갈 수 있는 책인데, 내가 뭘 몰라서 또는 능력이 없어서 도움을 못 주는 건 아닐까, 하루에도 몇 번씩 자괴감이 들었다. 인연이 있는 출판사 영업자들을 만나 이럴 때는 어떻게 해야 하는지 의견을 구했다. 대부분 나보다 적게는 다섯 살, 많게는 열두 살 나이 차이가 났고 내가 면접을 봐서 신입으로 채용한 친구도 있었다. 하지만 나는 더 이상 이들의 부장님도 실장님도 아니었다. 이들은 이미 자기 분야에서 두각을 나타내는 어엿한 중견으로 성장해 있었고, 나는 그저 이 세계에 이제 막 발을 뗀 초짜 영업자였다. 이들은 이 정도는 알 줄 알았는데 영업의 세계를 너무 모르는 나를 보고 매우 놀랐고, 나도 그 사실을 깨닫고 당황했다. 어떤 친구는 그 놀라움을 감추려고도 하지 않아 나를 멋쩍게 했고, 어떤 친구는 몰라도 너무 모르는 나를 대놓고 놀려 대는 바람에 차라리 속이 편했고, 또 어떤 친구는 놀랐으나 놀란 척을 하지 않으려 애쓰는 모습으로 나를 더 민망하게 했다. 그러나 모두 진심을 다해 도움을 주었다.

영업자들 의견은 한결같았다. 시작이 이 정도면 정말 대단하다, 그런데 작은 출판사에서 할 수 있는 일은 별로 없다, 온라인 서점에서 밀어주고 언론사에서 이렇게 기사로 다뤘으니 할 수 있는 일은 다 한 셈이라는 거다. 남은 건 딱 하나, 유료 광고. 기-승-전-광고였다. 이야기를 들어 보니 광고라는 게 밑 빠진 독에 물 붓기라 효과를 보려면 각오를 단단히 해야 했다. 세상에 책을 알리는 데 돈이 이렇게 많이 든다는 걸 새삼스럽게 깨달았다. 회사에 다닐 때 경험하지 않은 건 아니었다. 하지만 그때는 내 통장에서 비용이 나가는 게 아니었다. 단돈 백만 원이라도 체감의 격차는 어마어마했다. 대형 서점 매대를 사는 것, 매장에 포스터를 붙이는 것, '무슨무슨 선정도서'라는 안내문구 아래 책을 잘 보이게 배치하는 것, 온라인 서점 요소요소에 배너 광고를 거는 것,

다양한 굿즈를 제작해 독자들에게 제공하는 것, 기타 등등 기타 등등. 모두 내 능력으로는 감당하기 어려운 금액이 꼬리표에 달려 있었다. 대형 서점 몇몇 지점에서는 매우 적극적으로 연락이 오기도 했다. 선뜻 응하기 어려웠다. 내가 집행할 수 있는 유일한 광고는 다른 출판사들과 연합으로 하는 온라인 서점 이벤트 참여였다. 부가세 별도 10만 원.

광고를 하려면 동시다발로 대형 서점 매대도 사고, 매장에 포스터도 붙이고, 온라인 서점에도 배너를 걸어야 했다. 그렇게 해야만 공격적으로 독자를 구매로 유도하는 큰 출판사들과 경쟁할 수 있고, 그렇게 해야만 그나마 광고 효과를 기대할 수 있을 것 같았다. 예전 직장 영업부 동료가 푸념하듯 했던 말도 떠올랐다. 이렇게라도 해야 겨우 표가 난다던.

현실적으로 매대 하나를 사서 『외국어 전파담』을 깔아 둘 능력도 없지만, 나는 그게 과연 내 처지에서 할 수 있는 일인지 곱씹어 생각했다. 제대로 하려면 판이 커진다. 그렇게 해서 과연 투자한 만큼 이익을 기대할 수 있을까? 이익을 기대할 수 있다 하더라도 이제 시작한 출판사에서 처음부터 그렇게 판을 키우는 게 맞는 방식일까? 소박하고 성실하게 한 권 한 권 책을 만들며 살아가겠다는 나의 다짐에 이런 고민은 어울리는 것일까? 고민은 고민을 불렀고, 오랜 생각과 고민 끝에 나는 그저 『외국어 전파담』의 힘에만 의지하기로 했다. 거둘 수 있는 열매의 크기가 얼마일지 알 수 없으나, 골방에서 홀로 책을 만들던 내가 갑자기 장터에 나가 사업을 한다고 나섰다가는 순식간에 패가망신할 성싶었다. 첫 책을 향한 세상의 환호는 벅찰 만큼 기쁘지만 그 앞에서 어찌할 바를 모를 때는 괜히 오버하지 말고, 땅바닥에 발을 단단히 딛고 가려던 그 길이나 열심히 가자고 마음을 다독였다. 그러고 나니 마음이 한결 가벼워졌다. 어느덧 혜화1117의 두 번째 책을 세상에 내놓을 때가 다가와 있었다.

아무도 몰라보는 자의 외침, 들어 줄 자 누구랴

SNS 시대다. 이 말이 진부하게 여겨질 만큼 SNS는 이제 공기처럼 물처럼 일상과 분리할 수 없다. 혜화1117은 페이스북 페이지를 만들긴 했지만 거의 유명무실하다. 이현화 개인 페이스북은 그동안 매우, 굉장히 폐쇄적이었다. 주로 일상사를 소소하게 올리는 이곳에 누군가 친구 신청이라도 해 오면, 여기는 사적 공간이고 잘 모르는 사람과 관계를 넓혀 나가는 데 관심이 없다는 매우 까칠한 회신을 보내 거절해 왔다. 그냥 아무 말 없이 수락을 안 하면 되는데, 군이 이런 답장을 보내면서까지 아는 사람끼리만 아는 공간으로 남겨 두려 했다. 트위터도 별반 다르지 않았다. 포털 블로그는 그나마 출판사 시작 전 '작은 한옥 수선기'라는 연재를 시작하면서 익명의 분들께 열어 두고 소통을 했다.

이런 상황이었으니 출판사를 시작했다고, 책이 나왔다고 알릴 매체가 있을 리 없었다. 진정으로 나는 아무도 몰라보는 자였고, 혜화1117은 누구도 알지 못하는 출판사였다. 자, 그렇다면 무슨 수로 혜화1117에서 만든 책의 존재를 세상에 알릴 수 있을까.

출판사를 시작한 지 2년이 되어 가는 지금도 별반 다르지 않지만 그때는 더 막막했다. 나는 광야에서 홀로 외치는 자였다. 페이스북에, 트위터에, 블로그에 어떤 소식을 올려도 넓디넓은 바닷가에 조약돌 하나 던지는 것만도 못했다. 두 번째 책은 내가 정말 좋아하는 일러스트레이터 박정은 작가의 『내 고양이 박먼지』였다. 길에서 태어난 검은고양이를 만나 기즘으로 실면서 하루한 장씩 그린 그림일기를 모아 펴낸 책이었다. 그림도 예쁘고 내용도 좋았다. 책의 특징을 살리고자 부록으로 컬러링 페이지도 별도로 만들어 넣고, 책장을 한쪽으로 주루룩 넘기면 고양이가 뛰어다니는 재미를 느끼게끔 공을 들였다.

『내 고양이 박먼지』를 알리는 데는 인스타그램이 어울려 보였다. 그런 이유로 인스타그램에 혜화1117 계정을 만들었다. 예상은 어긋났다. 인스타그램의 정서는 내게는 가까이 하고 싶으나 머나먼 그대였다. 새 글과 사진을 당연히 컴퓨터에서 올릴 수 있을 줄 알았는데, 휴대전화로만 해야 했다. 작은 전화기를 붙들고 뭔가 하는 게 영 익숙하지 않았던 나는 시작부터 덜컹거리는 느낌이었다. 아무것도 모른 채 시작했다는 걸 깨닫는 데는 그리 오랜 시간이 걸리지 않았다. 사진을 공들여 찍는 데에도 나는 취미가 없었다.

필름 카메라를 들고 유럽과 아메리카 곳곳을 누비던 나다. 인화도 직접 해 가며 맘에 드는 사진을 크게 뽑아 집 이곳저곳에 걸어 두던 나다. 어느새 사진을 찍는다는 행위의 도구가 필름 카메라에서 디지털 카메라로, 그리고 다시 휴대전화기로 바뀌면서 사진 찍는 일에 완전히 흥미를 잃었다. 휘발되는 듯한 매체에 정성이란 단어는 어울리지 않아 보였다. 언제부터인가 나에게 사진은 그저 메모와 다를 바 없는 무엇이 되고 말았다. 인스타그램에 올릴 사진을 찍느라 새삼스럽게 없던 정성을 쏟게 되지를 않았다. 게다가 이 책을 보고 계신 분들도 느끼겠지만 나는 글을 꽤나 길게 쓰는 편이다. 하지만 긴 글은 누구도 읽지 않고 사진만 보고 넘어간다는 인스타그램에 나는 더더욱 정이 가질 않았다. 이미 세상은,

SNS 사용자들은 트위터를 지나 페이스북을 넘어 인스타그램에 주로 서식한다는데 나는 세상의 흐름과는 동떨어져 여전히 홀로 광야에 서 있는 느낌이었다. 그렇다고 페이스북과 트위터를 열심히 하는 것도 아니었다. 이곳에 소식을 올려 봐야 무슨 의미가 있을까. 보는 사람도 얼마 없다는 자각으로 자꾸만 다리가 꺾이는 느낌이었다.

나는 고민했다. 어떻게 혜화1117의 책을 알릴 것인가. 아니, 정확하게 표현하는 게 좋겠다. 어떻게 하면 내가 만든 책을 독자들에게 가 닿게 할 것인가. 단지 홍보 채널 확보라는 일차적인 목표만을 염두에 둔 고민이 아니었다. 나는 온오프라인을 막론하고 독자들과 지속가능한 관계를 만들어 가고 싶었다. 그 매개체로 가장 먼저 떠올린 곳은 당연히 동네 책방이었다.

내게는 '당연히'라는 단어를 붙일 자격이 있다(고 나는 생각한다). 그렇지 않겠는가. 어쩌다 지금 출판사 대표 노릇을 하고 있지만 나로 말씀드릴 것 같으면 무려 10년 남짓 책방 대표를 꿈꿨던 사람 아니냔 말이다. 그런 연유로 동네 책방의 신흥과 부흥, 고통과 고민에 공감하며 보낸 세월이 꽤 길었다. 다시 또 그런 연유로 전 직장과 전전 직장 다니던 시절 영업부와 합을 맞춰 동네 책방과 할 수 있는 다양한 일을 모색했고, 웬만큼 성과도 거두었다.

『외국어 전파담』이 거둔 뜻밖의 판매 부수는 드물게 얻은 행운일 뿐, 앞으로 펴낼 모든 책마다 그럴 수 없다는 사실을 잘 알고 있었다. 수십, 수백만 원의 광고가 지배하는, 압도적인 물량으로 판을 키우는 그런 베팅은 아무리 생각해도 나와는 어울리지 않았다.

나는 그보다는 책 자체의 의미를 진중하게 살펴 주는 동네 책방과 따뜻한 인연을 맺고, 그것을 바탕 삼아 많은 책방이 혜화1117의 책을 각별하게 여겨 주기를 소망했다. 그렇게만 된다면 출판사를 운영하는 데 든든한 버팀목이 될 것 같았다. 단골 독자가 많은 책방이라면, 그 책방을 통해 혜화1117의 책과 독자들의 유대를 탄탄하게 만들 수 있지 않을까. 동네 책방과 거래하려면 도매 업체·온라인 서점·대형 서점과는 다른 공급률, 다른 공급 방식 등 넘어야 할 산이 많다는 걸 모르지 않지만, 그렇다고 가능성을 접고 싶지는 않았다.

내가 만든 책이 우연히 들른 동네 책방에 꽂혀 있는 풍경이란 얼마나 아름다울까. 언젠가 이 책방에서 혜화1117의 저자와 만났던 독자가 그날의 기억을 떠올려 같은 출판사의 책을 유심히 바라보는 풍경이야말로 지극히 아날로그 세계에 치우쳐 있는 나에게 더 어울리는 모습이 아닐까. 이렇게 씨 뿌리듯 시간을 두고 관계를 맺어 나가는 것이야말로 책이라는 매체에 가장 어울리는 방식이 아닐까.

하지만 이런 생각은 곧장 이견에 부딪혔다. 경험 많은 출판계 선배들은 세상이 그렇게 낭만적으로 움직이지 않는다고 일갈했다. 일리가 없지 않았다. 동네 책방 사장님들은 너무 바쁘다. 혼자 출판사를 꾸려 가느라 정신없는 나만큼, 아니 책방 사장님들은 그보다 더 할 일이 많을 거다. 예전에 다니던 출판사는 평균 일주일에 한 권씩은 책을 펴냈다. 그런 출판사에서 동네 책방과 긴밀한 관계를 만드는 일은 상대적으로 그리 어렵지 않았다. 하지만 일 년에 최대 여섯 권을 내는 게 목표인 작은 출판사는 공들여 관계를 맺는다 해도 그분들 입장에서 매력을 느낄 만한 점이 별로 없어 보였다. 그렇지 않아도 할 일이 많은데 신생 출판사에까지 신경 쓸 여력은 없어 보였다. 필요한 책은 도매업체에서 주문하고 팔면 그뿐 더 이상 무엇이 필요할까. 팔 책은 차고도 넘친다. 그렇지만 우리가 만들고 파는 대상이 책이라면, 조금은 다른 풍경을 상상해 봐도 좋지 않을까? 예전에 만든 책 가운데 어느 꼭지 제목을 이렇게 붙인 적이 있다. 「작은 존재들끼리의 연대」.

　나는 작은 출판사를 시작했고, 작은 존재가 되었다. 이 작은 존재가 살아 나갈 방도는 어디에 있을까. 온라인 서점에서는 책을 가져가는 만큼 현금으로 지급해 준다. 대형 서점도 마찬가지다. 이들 서점의 판매 지수는 파급 효과가 매우 강력하다. 동네 책방은 직거래하는 몇 곳 빼고는 도매업체를 통해 책을 가져가는데, 도매업체의 지급 방식은 주로 전자어음이다. 짧게는 3개월 길면 6개월 뒤에나 현금이 된다. 몇 부가 어떻게 유통되는지 정확하게 가늠하기도 어렵다. 그러니 작은 출판사의 책일수록 어쩌면 대형 서점, 온라인 서점에서 많이 팔리는 게 좋은 일일 수 있다. 그렇다고 해서 그쪽에만 총력을 기울이는 게 나에게 맞는 일일까.

　나는 여러 복잡한 생각을 접기로 했다. 온라인 서점에서 높은 판매 지수에 기뻐하는 만큼, 어쩌다 눈에 띄는 동네 책방 베스트셀러 집계에 혜화1117의 책이 있다면 얼마나 좋을까, 그 생각만 하기로 했다. 해 보기도 전에 포기하고 싶지는 않았다.

　『외국어 전파담』을 쓰신 로버트 파우저 선생님도 마침 나와 뜻이 같았다. 책이 나오기 전부터 몇몇 책방에 독자와의 만남을 제안하기 시작했다. 저자 섭외는 출판사에서 책임질 테니 자리만 만들어 달라는 공문을 책방에 보냈다. 평소 눈여겨보던 곳부터 누군가의 소개를 받은 곳까지, 서울과 수도권은 물론 전국 방방곡곡으로 메일을 보냈다. 혜화1117이라는 출판사는 도매업체나 대형 서점, 온라인 서점 담당자에게 낯선 것처럼 동네 책방 사장님들에게도 듣도 보도 못한 곳이었다. 메일을 열 군데 보내면 한 군데 회신이 올까 말까 했다. 그렇지만 실망하지 않았다. 아무도 몰라보는 자의 외침에 답이 없는 게 당연했다. 그것을 서운해하기보다 반응을 보이는 분들께 고마워하기로 했다. 비록 지금은 미약한 존재일지언정 이렇게 꾸준히 문을 두드리다 보면 인연의 물꼬가 터질 거라는 근거 없는 믿음이 나를 이끌었다. 『외국어 전파담』 출간 이후 로버트 파우저 선생님은 서울은 물론 인천, 구미, 대구, 파주 그리고 도쿄까지 10여 차례 동네 책방에서 독자와의 만남을 가졌다. 그렇게 성사된 만남은 가는 곳마다 반응이 좋았다. 참석자가 많았다는 뜻이 아니다. 빈자리가 없을 만큼 꽉 찬 곳도 있었고, 서로 민망할 정도로 적을 때도 있었다. 하지만 몇 분이 오시든 개의치 않고, 얼굴과 얼굴을 마주함으로써 책이라는 매개를 통해 이루어지는 그 교감이 좋았다.

　『외국어 전파담』이 동네 책방에서 팔리는 비중은 크

다면 크고 적다면 적다. 하지만 이런 만남으로 얻은 것이 단지 판매 부수뿐일까. 그 한 권으로 시작한 동네 책방들과의 관계는 『내 고양이 박먼지』로 이어졌고, 뒤이어 미술사학자 최열 선생님과 소장학자 홍지석 선생님 두 분이 나눈 대담을 엮은 책 『미술사 입문자를 위한 대화』도 여러 책방에서 눈여겨봐 주었다. 혜화1117의 진원지라 할 수 있는 작은 한옥 수선기를 묶어 펴낸 『나의 집이 되어 가는 중입니다』가 초반에 독자들에게 알려진 데에는 동네 책방 사장님들의 각별한 관심이 큰 힘이 되었다. 『로버트 파우저의 도시 탐구기』는 출간 뒤 저자의 열정에 힘입어 다시 한 번 전국순회공연을 방불케 하는 독자와의 만남을 가졌고, 여섯 번째 책 『우리가 사랑한 소녀들』 역시 동네 책방의 따뜻한 격려로 독자들과 행복하게 만났다. 혜화1117에서 처음으로 만든 도서 목록은 경복궁 서촌 골목 안쪽에 자리 잡은 동네 책방 사장님이 손글씨로 써 주신 책소개글로 채웠다.

누군가는 그랬다. 동네 책방과 관계를 맺기 위해 그렇게 공을 들이느니 온라인 서점 광고 한 번 하는 게 훨씬 효과적이라고, 공을 들여 봐야 거기서 몇 권이나 팔리겠느냐고. 이 말이 맞을 수도 있다. 혜화1117의 책도 숫자로만 보면 온라인 서점과 대형 서점 매장에서 압도적으로 많이 팔린다. 하지만 과연 그것만이 의미가 있는 걸까. 책을 만드는 행위는 무엇이며, 책을 만들 때마다 독자들과의 관계는 어떻게 설정해야 하는 걸까. 그 독자들과 책을 나눈다는 의미는 무엇일까.

오늘도 여전히 나는 광야에서 홀로 외치는 것 같다. 어떻게 해야 새로 나온 책을 더 널리 알릴 수 있을까 늘 고민한다. 신간 미팅을 할 때마다 서점 담당자의 반응에 어깨에 힘이 빡 들어가기도 하고 맥이 탁 풀리기도 한다. 미팅 다음 날 받아 든 주문 부수에 울고 웃는다. 그렇지만 책을 알리려는 노력은 이것으로 다가 아니다. 언젠가부터 책이 나올 때마다 작은 인연이라도 맺은 책방 사장님들에게 메일을 보낸다. 책에 관한 새로운 소식이 있을 때도 메일을 보낸다. 회신을 받으면 뛸 듯이 기쁘고, 받지 못하면 힘이 빠진다. 판매량의 많고 적음과 관계없이 큰 곳이나 작은 곳이나 내게 주는 실망과 기쁨의 크기는 같다. 똑같이 내가 쏟을 수 있는 전심전력을 다하고 있기 때문이다.

출판사 시작하고 어느새 2년여가 흘렀다. 전국 곳곳에 있는 동네 책방과의 인연의 폭과 깊이도 조금씩 쌓이고 커지고 있다. 나 홀로 외치던 광야에서 나와 함께 외쳐 주는 작은 목소리가 하나둘 늘어 간다. 혜화1117의 책이 나오면 어여삐 맞아 주는 곳들이 보인다. 이런 목소리들이야말로 나를 버티게 하는 굳건한 또 하나의 땅이 되어 줄 것이다. 아무도 몰라보는 자의 시간은 지금도 흐른다. 세상에 내보내는 책을 한 권 두 권 쌓아 가노라면 흘러가는 시간 역시 어딘가 쌓이기 시작할 것이다. 할 수 있는 노력을 다해 간다면 혜화1117의 책에 따뜻한 시선을 보내 주는 곳도 늘어날 것이다. 그럴수록 내가 만들어 내는 책이 독자에게 가는 길은 조금씩 더 넓어지고 깊어질 것이다. 그러다 보면 언젠가, 곳곳에 있는 동네 책방의 추천 도서로 혜화1117의 책이 더 자주 등장하는 날이 올 것이다. 그날이 오면 광야의 적막함도 지금보다 조금은 더 줄어들 것이다. 그날을 기다린다.

9

{ 출판사 대표의 시간은 이렇게 흐른다 }

　아침 6시 반. 휴대전화 알람이 울린다. 아니, 울려야 한다. 온라인 서점 팩스 주문 수신음이다. 하루를 이 소리로 시작하면 그렇게나 가뿐할 수가 없다. 『외국어 전파담』을 펴낸 뒤로 한동안 주문 부수는 무조건 세 자리 수였다. 요즘은 그동안 펴낸 책을 모두 합해서 두 자리 수만 나와도 그저 기쁘다. 아니다. 팩스 수신음이 울리기만 해도 좋다.

　출판사 시작한 뒤 '출간 종수만큼만 주문이 들어오면 무조건 만족하라'는 조언을 들었다. 출간한 책이 한 종이면 하루에 한 부만 주문이 들어와도 기뻐하라는 말이었다. 『외국어 전파담』을 펴낸 뒤 세 자리 숫자에 익숙해져 버린 나는 그에 비해 팍팍 줄어든 요즘의 숫자를 보며 그저 웃는다. 당황할 법도 하지만 초반에 들었던 조언이 상황을 받아들이는 데 큰 힘이 되었다. 신간 출간이 뜸하면 새벽 알람은 건너뛰는 날이 많다.

나는 집에서 일을 한다. 말하자면 '직주일체'의 삶이다. 근대 이전에는 대부분 이렇게 살았다. 생각해 보면 출퇴근이라는 개념도 근대 이후 등장했다. 누구나 같은 마음이겠지만 나는 출퇴근 만원 버스, 지하철이 참 싫었다. 회사를 옮길 때마다 가급적 걸어서 다닐 수 있는 곳으로 집도 따라 이사했다. 집이라니 거창하지만 그래 봐야 다세대주택 한 칸짜리 방이거나 원룸 오피스텔이었다. 파주출판도시에서 일하게 되자 이내 차를 가지고 다녔다. 대중교통이 절대적으로 부족해서이기도 했지만, 내는 이때다 싶기도 했다. 그렇게 지내다가 출판사를 집에다 차리니, 출퇴근이라는 개념 자체가 사라진 근대 이전의 삶으로 돌아왔다. 하긴 아파트에서 한옥으로 옮긴 것도 시간을 거꾸로 돌린 셈일 수 있겠다.

집에서 일을 하니 사람들은 밤낮으로 일만 하는 거 아니냐고 한다. 게을러지지 않느냐고도 한다. 다 맞는 말이다. 때로는 정말 일만 한다. 아침에 눈을 떠 책상에 앉으면 밥 먹을 때, 화장실 갈 때 빼고는 일만 한다. 게으

름 피울 때는 한도 없다. 해가 중천에 뜰 때 눈 비비고 일어나 고양이 세수만 하고 온종일 빈둥거리는 것도 모자라 딴짓하느라 밤을 샐 때도 있다.

그럼에도 이정표가 되는 시간이 있다. 오전 11시. 그 이전까지 메일로, 팩스로, 문자로 거래처에서 주문장이 날아온다. 11시에는 무조건 유통업체에 주문 발주를 해야 한다. 그래야 주문한 거래처에 책을 보낼 수 있다. 11시경 발주하는 그 숫자에 마음이 매우 심하게 요동치곤 했다. 초반에는 점심 메뉴가 좌우되었다. 주문이 많이 들어온 날은 칼국수를 먹으러 가면 꼭 수육을 시켰다. 짜장면을 먹으러 가면 탕수육도 콜이었다. 주문 부수가 뚝 떨어지면 밥맛도 없었다. 커피 한 잔으로 대충 건너뛰기도 했는데, 최고급 원두로 내린 커피가 그렇게 씁쓸할 수가 없었다. 이제는 제법 익숙해졌고, 일곱 권의 책을 냈으니 하루에 일곱 권만 들어와도 선방했다고 자족하곤 한다. 문제는 일곱 권도 안 들어오는 날이 늘어나고 있다는 것이지만 일희일비하지 않겠다고 마음 고쳐먹은 지 꽤 되었다.

나는 이현화라는 이름을 쓰는 한 사람이다. 평일 근무 시간에 나의 정체성은 꽤 오랜 세월 편집자였다. 누군가의 딸, 누나, 동생, 아내. 이런 역할 외에 사회적 존재로서의 나의 정체성 역시 거의 편집자였다.

출판사를 시작한 뒤 나의 정체성은 수시로 바뀐다. 메일을 쓰고, 원고를 보고, 교정지를 들여다보는 게 주로 하는 일이다. 대체로 평화롭다. 이럴 때의 나는 편집자로서의 익숙한 정체성을 유지하는 것처럼 보인다. 하지만 다르다. 그저 편집자일 때의 나와 대표가 된 나는 이메일 어투도 꽤 달라졌다. 그렇게 한 달여를 고요히 보내노라면 월말이 성큼 다가온다. 이 무렵의 나는 매우 날카로운 신경줄을 붙잡고 양미간에 내천자를 그리고 앉아 있는, 매우 서툰 총무부 직원으로 변신한다. 거래처와 매출 숫자를 맞춰 장부를 대조하고, 그에 맞춰 계산서라는 걸 발급해야 한다. 이 장부는 왜 대조할 때마다 다른지 알 수가 없다. 어찌하여 거래처 A는 온라인과 오프라인 내징을 따로 관리하면서 계산서 발행은 총액으로 하는가. 어찌하여 거래처 B는 두 개의 지역으로 나누어 관리하면서 역시 장부는 합산으로 처리하는가. 어찌하여 거래처 C는 매번 팩스로 보낸 장부를 대조하여 메일로 다시 보내라고 하는가. 어찌하여 거래처 D는 반품이 이렇게도 잦아 계산을 번거롭게 하는가. 어찌하여 계산서 마감 날짜는 거래처마다 달라 아차 하면 놓쳐 담당자에게 '사과 말씀'을 자꾸만 전하게 하는가. 익숙하지 않은 업무, 익숙하지 않은 숫자에 신경이 곤두선다. 월말의 예민함을 곱절로 만드는 것은 바로 결제다. 모든 지급일을 마지막 주 금요일로 맞춰 놓은 탓이다. 유통비부터 제작비, 디자인비, 회계사무실 고정비, 유통프로그램 사용비, 하다못해 공과금까지 한 번에 나간다. 홀쭉해진 통장은 그렇지 않아도 예민한 신경줄을 더 긁는다. 예민한 신경줄이 회복되는 데는 2주 남짓이 걸린다. 매월 중순경 여기저기에서 수금이 되기 때문이다. 그렇다고 통장이 두둑해지는 일은 별로 없다.

신간이 나오는 달이면 정체성의 변주는 더 복잡하다. 제작 발주를 하고, 인쇄 감리를 하고, 보도자료를 쓸 때까지는 편집부다. 책이 나온 뒤 거래처 미팅을 다닐 때면 영업부다. SNS 등을 관리할 때는 홍보부다. 하루에도 몇 번씩 정체성이 바뀐다. 저자들을 만날 때면 어엿한 대표로서 경거망동하지 않으려 애쓴다. 그분들의 책을 만드는 역할을 넘어 모든 것을 책임지는 사람이라는 사실을 잊지 않으려 한다.

20여 년 전에 봤던 영화『변검』을 떠올리며, 이제 하는 일에 따라 정체성이 달라져야 한다고, 일에 맞춰 그때그때 마인드를 바꿔야 한다고 스스로에게 요구했다. 그렇게 혼재하던 정체성의 변주는 어느덧 지난 일이 되었다. 지금 누가 나의 정체성을 묻는다면, 나는 그저 나일 뿐이라고 말하련다.

집에서 일을 하자니 노동과 일상의 경계가 완전히 사라졌다. 죽도록 일만 한다는 뜻은 아니다. 일이 일이 아니고, 일이 아닌 게 일이 아닌 게 아니다. 이 원고를 보면서 다른 원고를 떠올린다. 원고를 보다가 주문을 처리한다. 주문을 처리하다가도 저자 전화를 받아 출간 일정을 의논한다. 여기서 저기로, 저기서 다시 여기로 노동의 내용이 수시로 바뀐다. 그뿐인가. 원고를 보다가 마당에 이제 막 얼굴을 내민 수선화를 보며 환호한다. 화장실에 가려고 대청을 가로지르다 오늘따라 무성해 보이는 남천의 가지치기로 오후 시간을 보내기도 한다. 저녁 먹고 모처럼 영화 한 편 보다가 잠이 오지 않아 내친 김에 교정지를 다시 꺼내 보기도 한다. 모두 다 일이 아닌 게 없고, 일인 것도 없다. 그러다 보니 이제는 정체성을 살피는 것 자체가 아무런 의미가 없다. 새로운 기획서를 쓰는 이도 나요, 원고를 살피는 이도 나다. 계산서를 끊는 이도 나요, 마당을 돌보는 이도 나다. 책을 파는 이도 나요, 만드는 이도 나다. 설거지하는 이도 나요, 밥하는 이도 나다.

나의 하루는 주문장 알람으로 시작해 대부분 교정지

에서 끝난다. 월초의 나와 월말의 나의 하루는 사뭇 다르다. 정체성의 혼재와 혼돈, 그리고 이제 구분조차 무의미한 일상으로 삼사단의 변신을 거듭하며 그저 나로서, 나로 존재하면서 오늘도 책을 만들고 책을 팔며 별일 없이 살아간다. 오늘도 무사히? 그것으로 오케이! 일곱 권 주문? 그것도 오케이!

10
{ 나는 노동자인가, 노동자가 아닌가 }

이렇게 나는 여러 정체성의 삼단 변신을 거쳐 그저 나라는 정체성으로 살게 되었다. 그러나 여전히 해결되지 않는 부분이 있으니, 노동자로서의 내 정체다. 교정을 보고, 책을 팔며, 만들어 온 책과 관련한 이야기를 최대한 널리 알리기 위해 고군분투하는 것이 나의 일상인데, 그 틈을 비집고 온갖 잡무가 호시탐탐 일상을 노린다. 이런 나의 하루하루는 퍽 고단한 노동자의 삶이다.

신간을 낼 때면 제작비 견적을 내 본다. 종이 값부터 인쇄·제본비까지 제작비를 넣고, 디자인비를 더한 뒤 인세를 계산하면 이미 책값은 예상보다 훌쩍 올라간다. 내 인건비는 어떻게 해야 할까, 괴롭다. 직장인 시절의 인건비를 책정해야 할까? 경력 10년 차 편집자와 25년 차 편집자의 인건비는 어떻게 달라야 할까. 그러나 이곳은 연봉을 협상하는 회사가 아니다. 눈 딱 감고 최소한의 숫자를 넣어도 책값이 하늘 높은 줄 모른다. 제작처 대표님도, 다른 출판사 사장님도 인건비 안 넣으면 절대 안 된다고 강조 또 강조하지만 다른 출판사에서 나온 비슷한 분야의 책값을 신경 쓰지 않을 수 없다. 소심하게 손익분기 금액에서 아주 조금 보태 책값을 정한다. 그 아주 조금이 내 인건비다. 숫자로만 보면 아주 박하다.

하지만 함께 일하는 이들에게 나는 엄연한 '사장님'이다. 대표로서의 정체성만 강조되다 보니 감당해야 할 책임은 무한하다. 책이 나오면 기쁨은 잠시, 곧장 디자이너, 제작처 등에 정산할 작업비를 확인하고 지급해야 한다. 지급을 미루는 그런 '사장님'은 되고 싶지 않다. "사장님, 나빠요!" 소리는 절대 사양이다. 그뿐인가. 인세도 챙겨야 하고, 유지운영비도 실수 없이 정해진 날짜에 지출해야 한다.

출판사를 시작하고 한동안은 이 무한한 책임이 마치 내가 누리는 무한한 자유의 대가처럼 여겨졌고, 그것을 만끽했다. 일하고 싶을 때 일하고, 쉬고 싶을 때 쉴 수 있어 좋았다. 누구의 눈치도 보지 않고 평일 한낮에 서울 시내를 활보하는 그 짜릿함을 무엇에 비할 수 있으랴. 무엇보다 좋았던 건 '자기결정권'이었다. 뭐든 내 맘대로 할 수 있었다(라고 착각했다). 본문 레이아웃도, 표지 디자인도, 책 제목도, 처음부터 끝까지 나 하고 싶은 대로 할 수 있으니 이 얼마나 좋아, 만세를 불렀다. 하지만 만세는 삼창으로 끝났고, 언젠가부터 만세를 부를 일이 없었다. 자기결정권에 익숙해지고 나니 당연한 일이 되었고, 더 이상 신나는 일이 아니었다. 언젠가부터는 만세를 부르고 싶지 않아졌다.

계산기를 두드려 보니 내 노동은 과연 숫자로 존중받고 있는가 하는 물음표가 시도 때도 없이 생긴다. 과연 나는 지금 돈을 벌고 있는 것인가, 쓰고 있는 것인가. 어떤 출판사 대표는 5년을 일했는데 시작할 때 썼던 마이너스 통장 대출 금액이 줄어들지 않노라 했다. 그동안 무슨 일을 해 온 걸까, 회의가 든다고도 했다. 또 어떤 대표는 배우자가 번 돈으로 일상생활을 감당하고, 출판사에서 번 돈은 집으로 가져갈 수 없다고 했다.

나는 출판사를 시작할 때 가계 통장에서 출판사 사업자통장으로 1000만 원을 이체했다. 첫 번째 책의 제작비는 확보해야 한다고 생각했기 때문이다. 집 고치는 데 전 재산을 다 쓸어 넣는 와중에 그 돈을 빼는 건 정말 큰 일이었다. 나는 남편에게 말했다.

"만약 이 돈을 다 쓰게 되면 다른 길을 찾아볼게."

그렇게 약속하고 시작했다. 그래서인지 늘 1000만 원이 경고등이다. 사업자통장 잔고가 이 밑으로 줄어들면 비상 상황으로 인식하고 산다. 어떻게 하면 제작비를 줄일 수 있을까, 늘 고민한다. 다행히 그동안 펴낸 책들의 판매 부수가 모두 손익분기는 넘겨 아직 빨간불이 들어온 적은 없다. 그렇다면 나의 노동은 정당한 대가를 받고 있는 것일까. 그렇다고 말할 수는 없을 것 같다. 회사 다닐 때와 비교해 보면 노동의 강도와 질이 곱절은 늘었다. 그렇다고 수입이 두 배로 늘어나지는 않았다.

그렇다면 지금 나의 삶은 피폐하고 가난한가. 또 그렇지도 않다. 책방을 꿈꿀 때부터 한 사람의 삶을 유지할 최소한의 비용으로 나는 월 200만 원을 상정했고, 일 년에 2400만 원의 순수익을 확보할 수 있다면 선방으로 여긴다. 지금껏 이 선을 그럭저럭 지켜 오고 있다. 이 숫자는 결코 쉽지 않다. 일 년에 여섯 권을 내겠다고 마음먹었지만 시작한 지 2년이 된 지금 겨우 여덟 권째 책의 출간을 목전에 두고 있을 뿐이다. 생산성이 썩 출중한 편이 아니다. 그러니 마이너스가 아닌 게 어디며, 1000만 원을 지키고 있는 것이 어디인가. 그렇다고 해서 나에게 무슨 특별한 노하우가 있을 리 없다. 이마저도 그저 행운이다.

출판사를 시작할 때 나보다 먼저 시작한 출판사 대표들로부터 외롭다는 이야기를 종종 들었다. 홀로 뭔가를 결정할 때 의견을 구할 곳이 마땅치 않아 외롭다는 말이었다. 처음에는 몰랐는데 시간이 갈수록 무슨 의미인지 알 것도 같다. 그런데 내가 자주 느끼는 감정은 외로움이라기보다 그리움에 가깝다. 노동자와 대표로서의 정체성이 충돌할 때면 문득 그리움이 차오르곤 한다. 새 책이 나왔는데 사소한 문제가 생겼다. 일은 함께했으나 누군가 실수를 해도 책임을 묻기가 조심스럽다. 어제까지 서로의 노동을 격려하고 함께 고생했던 작업자에게 나는 더 이상 함께 일하는 편집자가 아니기 때문이다. 나는 그저 거래처 대표일 뿐이다. 편집자이자 노동자인 나는 함께 만든 결과물의 사소한 오류를 두고 같은 마음으로 아쉬움과 속상함을 나누고 싶으나, 함께 일한 이들은 행여나 자신에게 책임을 물을까 싶어 입을 닫는다. 나란히 서 있던 우리는 이제 서로 다른 위치에 서게 된다. 어쩌면 나란히 서 있었다는 건 나만의 생각이었는지도 모른다. '노동자'로서 함께 일했던 나는 어디로 가고, 모든 결정의 무게를 감당해야 하는 '대표'로서의 나만 그 자리에 홀로 남는다. 최종 책임은 온전히 내 몫이다. 모든 것을 홀로 수습해야 한다. 저자에게 궁색하게 설명하는 것은 물론이요, 처리를 위한 비용을 다시 들여야 하는 것도 내 몫이다. 그렇다 보니 나의 노동은 어디에서도 존중받지 못한다. 순식간에 매우 당연한 일이 되어 버린다. 서로의 실수를 다독이고, 위로하고, 감싸 주는 동료와의 관계는 이제 내게 지나간 봄날이다. 대표인 나의 책임은 이쪽 끝에서 저쪽 끝까지 차고도 넘치는데 나와 더불어 노동의 간난신고를 나눌 이가 없다. 처음에는 이 상황이 그저 섭섭하고 서운하기만 했다. 이제는 그것이 나의 일이라는 걸 안다. 또 그런 일이 생기면? 합리적인 비용을 건조한 어투로 청구하겠지. 어느덧 나는 내 정체에 걸맞은 태도를 갖춰 나가기 시작했다. 그렇다고 그리움마저 사라질 리 없다. 내가 누렸던 어느 날의 그 봄날이 간혹, 자주 떠오른다.

지나간 봄날은 또 있다. 출판사 직원으로 몇몇 회사를 다녔던 내가 편집자로서 그래도 먹고살 수 있게 된 것은 ㅎ출판사의 K사장님과 ㄷ출판사의 H사장님 덕분이라고 생각한다. K사장님에 대한 사람들의 평가는 워낙 극에서 극이지만 출판에 대한 그분의 열정을 존경했다. 특히 추진력과 디자인 감각은 타고난 것처럼 보였다. 과연 배워서 되는 일일까 싶을 정도였다. 책과 일상의 구분이 완전히 사라진 요즘 들어 그분과 함께 일할 때가 자주 떠오른다. 나와는 비교할 수 없는 규모지만, 일상과 노동의 경계가 사라진, 출판인으로서의 정체성만 남았던 삶은 그분 자신에게는 어떤 의미였을까.

H사장님은 편집자로서 배울 점이 많았다. 책을 만들면서 뭔가 2퍼센트 부족할 때면 나는 사장실 문을 두드렸다. 사장님은 어찌 생각하셨을지 모르겠다. 내게 그분은 상사로서 결정권을 쥔 존재라기보다 내가 만드는 책에 도움을 주는 분이었다. 혼자 책을 만들기 시작하면서 나는 그때 그 시절을 자주 떠올렸고, 지금도 떠올린다. 뭔가 이게 아니다 싶은데 답을 못 찾겠으면 인터폰을 누르고 싶다. 잠시 들어가도 될까요. 그러면 답을 찾을 수 있지 않을까. 그렇다고 내가 가까스로 획득한 자기결정권을 반납하고 싶다는 건 아니다. 다만 어느 쪽으로 가야 할까 망설일 때, 직관적이고 단편적인 판단이 아니라 내가 만드는 콘텐츠의 의미를 함께 아우르는 그런 의견이 고플 때가 간혹 있다. 그러나 채울 수 없는 허기임을 안다. 이렇게 시간이 더 흐른 뒤에는 지금보다 한결 나은 스스로의 길을 찾아 나가려니, 그렇게 여긴다.

그리운 봄날은 또 있다. 오랜 편집자 경력 덕분에 나

는 밥을 먹고 산다. 영업자 경력은 이제 2년, 총무부 경력 역시 2년 남짓. 한 사람이 감당하는 노동의 격차가 참으로 크다. 20대 중반, 푸르고 젊은 시절 새로운 일을 몸 안으로 받아들였던 편집자로서의 나와 달리 이 나이에 새로운 일을 배워 나가는 건 참으로 숨이 차다.

앞서거니 뒤서거니 비슷한 길을 걷는 새로운 어깨동무들과 작은 출판사의 희로애락을 이야기하고 있노라면 저절로 위안을 얻는다. 그러다 어느 순간, 이들의 나이가 나보다 10년, 15년 어리다는 걸 발견하면, 한 번도 가져 보지 못한 세월의 무게가 어깨에 내려앉는 느낌이다. 저들은 시행착오를 얼마든지 해도 시간이 충분하겠구나, 싶으면 마음은 벌써 쓸쓸해진다. 나 역시 숱한 시행착오를 거쳐 여기에 서 있다. 그러나 앞으로 주어진 시간의 차는 부인할 수 없겠다. 그들은 건강한 새잎처럼 100권, 200권을 향해 정진한다. 나는 과연 앞으로 100권을 만들 수 있을까? 어려울 것이다. 앞으로 50권은 만들 수 있을까. 열심히 노력하면 될 것도 같다. 100권, 200권 목록을 향해 나아가는 젊은 출판사 대표들의 건장하고 힘찬 다리는 이제 내 것이 될 수 없다. 그저 50권, 내 숨에 맞춰, 내 다리 힘에 걸맞은 꿈을 품고 그를 향해 나아갈 뿐.

이런 생각으로 조금 쓸쓸해질 때 『우리가 사랑한 소녀들』을 만들었다. 50대 여성과 20대 여성이 어린 시절 사랑했던 이야기 속 소녀들을 함께 살펴보고, 두 사람이 만든 글과 그림을 엮은 책이다. 출간에 앞서 온라인 서점 알라딘에서 북펀드를 진행했다. 북펀드를 하는 동안 50대 여성은 책이 나오면 독자들에게 어떻게 알릴까 고민했고, 그 고민의 내용은 수시로 나와 공유되었다. 20대 여성은 독자적으로 노력하고 앞뒤 계산 없이 직진했다. 본문에 들어간 이미지와 텍스트를 활용해 스스로 엽서와 스티커 굿즈를 만들었고, 완성된 굿즈는 나역시 택배로 받았다. 한 권의 책을 함께 만든 두 명의 저자가 서로 다른 방식으로 각자 하고 싶은 대로 일하는 모양을 지켜보며 문득 깨달았다. 20대의 발랄함도 곱지만 50대의 차분함도 곱다는 걸. 함께 어깨를 겯고 나아가는 작은 출판사의 동무들이 힘차고 푸른 힘으로 앞으로 성큼성큼 나아가는 것도 아름답다. 그렇지만 지금까지 빛나는 책의 뒤에서 순정한 마음으로 복무해 온, 나의 지나온 길도 그 못지않게 아름답지 않을까? 지나간 봄날도, 노동자로서의 나의 날들도, 두 분 사장님과 함께했던 시간도, 그동안 만들어 온 170여 권의 책도 그길 위에 있을 것이다. 그 길이야말로 내가 딛고 선 나의 든든한 영토다. 작은 출판사를 차리고 꾸리는 오늘의 나를 지지해 주는 이 영토 위에서 다시 한 번 나의 정체는 그저 나다.

11
출판사 시작 후 2년,
어떤 건 맞고 어떤 건 틀리다

출판사를 시작할 때 어떤 분야의 책을 낼 거냐고 많은 분이 물었다. 나는 인문교양, 에세이, 문화예술 책을 펴내겠노라 답했다. 이미 분야별로 한 권씩의 원고를 확보하고 있었다. 인문교양은 첫 책으로 출간한 『외국어 전파담』, 에세이는 『내 고양이 박먼지』, 문화예술은 『미술사 입문자를 위한 대화』가 된 책들의 원고였다.

일곱 권의 책을 내면서 그때마다 이 책은 이 정도는 나가지 않을까 하는 예측이라는 걸 해 왔다. 그런 예측은 얼마나 맞고 얼마나 틀렸을까. 결과적으로 맞는 게 거의 없었다. 누군가 나에게 그랬다.

"대표님은 그쪽으로는 재능이 없어 보여요. 예측 같

은 거 하지 마세요."

나는 목이 부러져라 긍정했다. 『외국어 전파담』은 혜화1117의 이름을 알리는 데 혁혁한 공을 세웠다. 5월에 이 책을 내고 꼭 한 달이 지난 6월 5일 『내 고양이 박먼지』를 출간했다. 이 책을 들고 주요 서점 담당자를 찾아가니 다들 혜화1117이라는 출판사를 이미 알고 있었다. 대형 출판사의 임프린트로 알았는데 혼자 하는 출판사라니 놀랍다는 반응도 있었다. 새로 시작하는 출판사의 첫 책은 무조건 잘 나가는 걸로 배치해야 한다는 선배들의 말은 결과적으로 진리였다. 나는 말을 안 들었지만 결국 그 말이 진리라는 걸 몸소 체험하게 된 셈이다. 『외국어 전파담』이 이렇게 될 줄 나는 알았을까. 전혀 몰랐다. 그저 책을 낸 뒤 나를 믿고 내 손을 잡아 준 파우지 선생님께 민망하지 않을 만큼만 팔리면 좋겠다고 바랄 뿐이었다.

오히려 판매를 기대한 책은 『내 고양이 박먼지』였다. 워낙 좋아한 작가이기도 하고 베스트셀러를 출간하기도 했던 박정은 작가의 책을 낼 수 있다니 나로서는 행운처럼 여겨졌다. 책을 들고 만난 영업자들은 이 책이야말로 많이 팔릴 거라고 예상했다. 온라인 서점 알라딘에서 박먼지 캐릭터로 애묘인에게 인기 있는 굿즈를 만들기도 하고, 교보문고 강남점을 비롯해 대학로 몇몇 책방에서 전시회도 하고 독자와의 만남도 가졌다. 독자들의 사랑을 많이 받긴 했지만 박정은 작가의 전작에 미치지는 못했다.

그렇다면 『미술사 입문자를 위한 대화』는 어떨까. 그저 미술사학자 최열 선생님의 책을 내 출판사에서 낼 수 있다는 것만으로도 기뻤다. 판매 부수는 뒷전이었다. 초판 부수도 다른 책에 비해 적게 제작했다. 그런데 뜻밖에 이 책은 꾸준히 나가더니 새 학기 시작할 때마다 주문 부수가 일정하게 늘고 있다.

해가 바뀌었다. 내가 글을 쓰고 황우섭 작가가 사진을 찍어 펴낸 『나의 집이 되어 가는 중입니다』를 상반기에 펴냈는데 꾸준히 따뜻한 반응을 얻더니 어느덧 2쇄를 찍었다. 무명의 저자가 홍보력 미약한 출판사에서 펴낸 책을 찾아 주는 독자들이 꾸준하다는 사실이 그저 신기할 뿐이다. 이후 『로버트 파우저의 도시 탐구기』와 『우리가 사랑한 소녀들』에 이어 『화가 하인두』까지 2019년에 네 권의 책을 출간하여 혜화1117의 책은 일곱 권이 되었다.

그렇다면 매출은 어땠을까. 5월에 첫 책을 낸 뒤 12월까지 세 권을 펴낸 2018년의 매출은 『외국어 전파담』의 종횡무진과 나머지 두 권의 선전으로 처음 시작한 출판사로서는 꽤 의미 있는 숫자를 기록했다. 이듬해인 2019년에도 이 세 권은 일정하게 판매가 유지되었다. 여기에 네 권을 더 냈으니 매출은 높아져야 마땅했다. 하지만 2019년 매출액은 2018년과 비교해 크게 다르지 않다. 숫자로만 보면 2018년은 잘했고, 2019년은 부실했다고 평할 수 있다. 하지만 과연 그럴까.

2020년 1월 초, 연도별 매출액 정산 자료를 뽑아 든 나는 두 가지 면을 살폈다. 2018년의 성취가 성공이라면 이 숫자에 기여한 나의 노력은 무엇일까. 내가 뭔가 남다른 노력을 해서 이 숫자를 만들어 낸 걸까. 아무리 생각해도 아니었다. 『외국어 전파담』으로 주목을 받은 뒤 어떻게 그렇게 팔 수 있었냐고 묻는 이들이 있었지만 해 줄 말이 없었다. 내가 뭘 했다고 말할 수 있는 부분이 딱히 없었다. 내가 자신 있게 이야기하려면 같은 노력을 기울인 다른 책도 비슷한 결과를 만들어 내야 했다.

2019년의 숫자가 저조했다고 판단한다면 내가 놓치거나 잘못 대응한 부분은 뭐가 있을까. 이 역시 아무리 생각해도 아니었다. 『외국어 전파담』 못지않게 내는 책마다 독자들에게 알리기 위해 성심을 다했다. 하지만 결과는 달랐다.

나는 결과를 놓고 원인을 찾는 행위를 신뢰하지 않는다. 이유를 만들겠다고 마음먹으면 2018년의 잘한 일과 아쉬운 일, 2019년의 잘한 일과 아쉬운 일을 얼마든지 만들어 낼 수 있다. 하지만 그런 분석이 과연 신뢰할 만한 것일까. 나부터 동의하기 어렵다. 그렇다면 정말 2018년은 성공이며, 2019년은 성공이 아니었던 걸까.

실상을 좀 더 구체적으로 살펴야 했다. 각 권마다 제작비와 판매 부수, 홍보 등에 들어간 기타 경비 등을 정산했다. 매우 다행스럽게도 들인 돈은 모두 회수했다. 하지만 각 권마다 나온 결과는 다소 뜻밖이었다. 어떤 책은 제작비 등 경비에 비해 이익률이 매우 높았다. 판매 부수는 낮지만 숫자로 보면 이익률이 높았다. 반면에 어떤 책은 판매 부수에 비해 상대적으로 이익률이 낮은 것으로 나왔다. 이익률도 낮고 판매 부수도 낮은 책도 물론 있었다. 이익률이 판매 부수와 비례하지 않는다는 사실을 직접 확인했다. 이 의미는 매우 컸다.

내가 출간하는 책의 최소 판매 부수 기준치가 자연스럽게 드러났다. 적어도 초판 1124부 이상은 판매할 수 있는 책을 만들어야 했다. 평균적으로 그렇게 해야만 제작비를 회수할 수 있었다. 내가 아무리 원하는 책을 꾸준하고 성실하게 만들어 가는 걸 목표로 삼았다 해도

1124부 미만의 판매가 예상되는 책을 감당할 능력이 안 된다는 걸 숫자가 말해 주고 있었다. 이 결론은 또 다른 측면에서는 안도감을 주었다. 제작비를 아낄 수 있다면, 1124부 이상 팔 수만 있다면 심한 압박 없이 원하는 책을 만들 수 있겠다는 사실이었다.

고백하자면 한동안 '좋은 책', '팔리는 책' 딜레마에 시달려 산 적이 있다. 서점 담당자를 만나 뭔지 모르게 시큰둥한 반응을 접할 때면 나도 잘 팔리는 책 만들어 큰소리 치고 싶다는 오기와 욕망이 불 일듯 일어난다. 들고 간 책의 저자가 학문적으로 누구와 비교할 수 없는 분임에도 젊은 서점 담당자에게는 금시초문의 저자일 때, 비록 대중적인 저자는 아니어도 이렇게 무관심으로 일관할 분이 아니라고 강변하고 싶지만 그들의 시선은 이미 다른 책으로 향해 있는 건 볼 때면 좌절한다. 내가 몸담은 이 세계가 더 이상 내가 알던 그 세계가 아닌 것 같을 때면 나는 어떠한 예측에 앞서 앞으로 걸어 나갈 힘을 잃는다. 온라인 서점 연합 이벤트에 내가 만든 책도 줄을 세운다. 10만 원의 참가비를 내야 설 수 있는 무대다. 출발선에 선 모든 책은 수시로 자리를 옮겨 다닌다. 판매 부수로만 평가받는 냉정하고 객관적인 이벤트다. 두 번째 줄에서 시작한 책이 첫 줄로 올라가면 행복하고, 다음 줄로 내려서면 불행하다. 다음부터는 하지 말아야지, 했다가 제안이 오면 거절하지 못한다. 몇 번을 되풀이하니 이제 그마저도 심드렁하다.

그러다 문득 생각한다. 책이란 이렇게나 판매 부수만으로 평가받아야 하는 것일까. 저토록 융숭한 대접을 받는 저 책들은 과연 세상에 그토록 쓸모가 있는 걸까. 오기 창창한 이 손으로 과연 나는 '그런 책'을 만들어 낼수 있을까. '그런 책'이라는 표현 앞에 흠칫 놀란다. 책앞에서 어떤 편견을 갖지 않고, 섣부른 판단을 하지 않아야 한다고 여기지만 내 마음속 어딘가에는 좋은 책과그렇지 않은 책을 구분하는 잣대가 작동하고 있다는 걸깨닫기 때문이다. 좋은 책이란 무엇일까. 세상에 등장한책을 두고 별점 매기듯 좋은 책과 그렇지 않은 책으로구분할 자격이란 누구에게 있는 걸까. 팔리는 책을 만들겠다는 욕망은 과연 드러내서는 안 되는 걸까. 그렇다면팔리는 책만 만들겠다고 나선다는 것은 책의 세상에서과연 어떤 의미일까. 답도 없는 물음으로 멀미가 났다.멀미가 심해지면 내 발로 숫자 속으로 걸어 들어간다.마음의 평화를 잃는 것은 당연하다. 출판사를 운영하며살 수 있을까, 장기적으로 나의 삶은 평화로울까, 하는불안이 없을 리 없다.

그런 나에게 지난 일 년 반 동안 만들어 온 책들의 손익계산서는 뜻밖의 위안과 버틸 힘이 되어 주었다. 사람마다 기대치가 다르겠지만, 작은 출판사를 꾸리면서 이 정도 삶을 유지하면 괜찮지 않을까. 책 한 권을 내서 다음 책을 낼 정도만 된다면, 이렇게 꾸준히 원하는 책을 만들며 살 수 있다면 그것으로 된 것이 아닐까 하는 안도이기도 했다.

한 권의 책을 내고, 그 결과에 따라 성공과 실패를 쉽게 논하는 일이 일상다반사가 되었다. 출판사를 시작하니 그런 평가에 더 예민해진다. 하지만 내가 펴낸 일곱 권의 책을 놓고 뚜껑을 모두 열어 보니 세상에서 쉽게 판단하는 그 기준으로 성공과 실패를 운운할 수 없다는 사실을 확인했다. 더구나 판매 부수와 이익률이 낮다고 자리매김한 책 역시 관련 분야의 여러 저자에게 호평을 받고 있고, 그로 인해 새로운 기획과 다양한 제안으로 이어지고 있으니 이 책은 그런 면으로 볼 때 다른 의미로 제 역할을 해내고 있다.

그냥 가던 길을 쭉 가면 된다고, 이 숫자들이 말해 주고 있었다. 책을 통해 세상의 중심에 서고 싶은 욕망으로 이 자리에 있는 게 아니니, 지금만큼만 꾸려 가도 괜찮을 거라는 근거를 획득한 셈이다.

그렇다고 이렇게 1124부 안에서 안도만 하겠다는 의미는 아니다. 처음 출판사를 시작할 때 한 달 수입 200만 원을 목표로 삼았으나 이제는 아니다. 나의 월수입이 출판사의 목표가 되어서는 안 된다는 걸 알게 되었다. 컴퓨터 작업 폴더에는 출간 대기 중인 원고와 기획서가 기다리고 있다. 어떤 책은 무조건 많이 팔렸으면 좋겠고, 또 어떤 책은 실수 없이 완성도 높게 나왔으면 좋겠다. 책마다 기대하는 바가 모두 다르다. 저자의 요구와 기대 역시 다르다. 오류 없이 무사히 출간하는 것만으로도 성취의 기쁨을 만끽할 수도 있고, 전작에 못지 않은 판매 부수를 기대할 수도 있다. 그렇다면 나에게는 많이 팔릴 것 같은 책이 가장 중요한 책이어야 할까. 내가 안도하는 지점은 바로 여기에 있다. 결산을 통해 확인한 숫자는 그저 많이 팔리는 책을 우선순위로 두지 않아도 된다고, 1124부만 넘는다면 내게 주어진 한 권마다의 존재 이유에 안심하고 복무해도 좋다고 말해 주고 있다. 최대한 널리, 많이 팔려고 노력하되 너무 조급하거나 불안해하지는 않아도 된다고 말해 주고 있다.

출판사 시작하고 해를 두 번 넘겼다. 나는 올해도 몇 권의 책을 꾸준히 낼 것이다. 새로운 책을 만들 때마다 알고 지내는 영업자들에게 과연 몇 부쯤 나가겠냐고 물어 왔다. 더 이상 묻지 않기로 했다. 생각해 보니 갈수록 책을 읽는 독자가 줄어들고 있다는 불안한 전망이 확정된 사실처럼 여겨지고, 나아가 상식처럼 일반화된 이 시대에 책을 만드는 행위만큼 예측을 배반하는 일이 어디 있을까. 그뿐이랴. 종이책의 미래가 어둡다는 예측은 이미 십수 년 전부터 등장했다. 단군 이래 최대 불황이라는 말은 내가 출판계에 입문한 이래 안 들어 본 해가 없다. 그럼에도 여전히 책을 만드는 이들이 존재하고, 작은 출판사를 직접 차리려는 이들도 꾸준히 등장한다.

25년 전만 해도 여성 편집자는 결혼하면 회사를 그만둬야 했다. 20년 전만 해도 마흔 넘은 편집자는 찾아보기 어려웠다. 10년 전만 해도 50대 이후까지 일할 수 있을 거라고 생각하지 못했다. 숱한 '헛발질'을 해 온 예측의 역사가 아닐 수 없다. 불안한 진망과 예측에 휘돌려 갈 길을 잃은 사람은 또 얼마나 많은가. 앞으로 10년 후는 또 다른 세상이 될 것이다. 누군들 알 수 있으랴. 하지만 어떤 예측과 불안이 내 발목을 붙잡을지라도 나는 지금의 이 길을 가련다. 내가 만든 책들이 세상에 나가 제 갈 길을 알아서 찾아가는 모습을 지켜보고 응원하며 새로운 책을 한 권 한 권 세상을 향해 꾸준히 내보내면서 살기로 한다.

12

출판사의 입자를 빛나게 하는 것,
이것이 나의 할 일

혜화1117의 도서 목록을 만들었다. 2018년 봄부터 2019년 가을까지, 세상에 내보낸 혜화1117의 책들. 『로버트 파우저의 도시 탐구기』 출간 후 전국 방방곡곡에 있는 책방에서 독자와의 만남을 갖게 된 파우저 선생님과 함께 나 역시 동네 책방을 다녀 보기로 했다. 빈손으로 갈 수는 없어 부랴부랴 만든 것이 도서 목록이었다.

출판사는 책으로 존재한다. 그동안 펴낸 책들은 제 몫을 잘해 주고 있다. 증쇄를 거듭한 책도 있고, 조만간 증쇄에 들어갈 책도 있다. 이 책들을 더 널리 알리고 싶어 만든 것이 도서 목록이다.

예전에 다닌 회사에서는 직원들이 일 년에 한 번씩 순번에 따라 회사 도서 목록을 담당했다. 나 또한 피해 갈 수 없어 여러 차례 도서 목록을 만들었다. 30년, 40년 역사를 지닌 출판사의 도서 목록은 그 자체로 두툼한 책 한 권이 되었다.

그런 도서 목록을 만들던 나에게 일곱 권 실린 도서 목록이란 어땠을까. 언뜻 생각하기에 간단하고 손쉬워 보이겠지만 천만에 만만에 말씀이다. 직원으로 다니던 회사의 수많은 책들을 책 한 권 분량의 도서 목록에 담을 때도 내가 만든 책에는 눈길이 더 쏠리게 마련이다. 내가 차린 내 출판사의 책의 무게는 그때의 책과는 비교할 수 없다.

어떻게 출판사의 정체성과 지향을 도서 목록에 담을까. 답을 얻은 곳은 경복궁 옆 서촌에 자리 잡은 서촌그책방이었다. 앞에서 이야기한 책방이 바로 이곳이다. 독서모임을 활발하게 운영하는 책방으로, 골목 안쪽 작은 한옥에 책방을 꾸린 사장님은 읽은 책에 손글씨로 소개글을 적어 두신다. 어느 날 우연히 들렀는데, 혜화1117의 책마다 책 소개가 붙어 있었다.

"대형 출판사도 아닌데, 작은 출판사 책이 이 책방에 이렇게 많은 것도 참 신기하네요."

말 그대로였다. 정말 신기하고 반갑고 가슴 떨리는 일이었다. 그 인연으로 『로버트 파우저의 도시 탐구기』도 『우리가 사랑한 소녀들』도 이곳에서 독자와의 만남을 가졌다.

나는 동네 책방과의 인연을 각별하게 여기는 혜화1117의 지향을 담기 위해 사장님의 손글씨 소개글 내용을 도서 목록에 넣기로 했다. 아울러 이 책방의 글이 도서 목록에 들어가 있는 연유도 밝혀 두었다. 서촌그책방 사장님의 허락과 응원을 받아 만든 도서 목록은 비록 A4 용지 앞뒤에 그동안 나온 책을 채워 넣은 소박한 모양새였지만, 디자이너에게 특별히 부탁해 제대로 모양을 갖췄다. 얼핏 사소해 보이지만 로버트 파우저 선생님과 함께 전국 책방을 다닐 때마다 제 역할을 제대로 해줬다. 처음 만나는 책방 사장님들에게는 내 명함이 아닌 도서 목록이 더 필요했다. 목록을 내밀 때마다 작은 출판사의 이름이 그분들께 책과 더불어 전해졌다. 이 책들이 있어 내가 존재한다는 걸, 이 책들로 인해 혜화1117이 존재한다는 걸 한 장짜리 도서 목록이 다시 한 번 일깨워 준 셈이다.

출판사는 책으로 존재한다. 역시 맞는 말이다. 여기에 하나를 더하고 싶다.

"출판사는 책 그리고 저자로 존재한다."

처음 출판사를 시작할 때 나는 아무것도 없는 빈터에 함께 돌을 놔 주겠노라 손을 내밀어 준 저자들을 향해 마음속으로 약속했다.

"어디에 내놓아도 민망하지 않은 책을 만들겠습니다."

일곱 권의 책을 낸 지금 나는 과연 그 약속을 지켰을까. 그분들이 어찌 생각할지는 모르지만, 나로서는 최선을 다했다. 그럼, 약속을 지켰으니 할 바를 다한 걸까. 처음 출판사 시작할 때는 미처 몰랐던 많은 생각이 책을 낼수록 겹겹으로 쌓인다.

세상에는 수많은 책이 있고, 그만큼 출판사도 셀 수 없이 많다. 어떤 출판사와 손을 잡느냐는 책의 일생에서 매우 중요한 결정이다. 나는 편집자로서 책을 만들던 관성이 여전히 몸에 남아 책의 완성도에 무엇보다 치중한다. 많이 팔아 보려고 열심히 노력하긴 하지만, 역시 이제 2년 경력의 영업자는 할 줄 아는 게 많지 않다. 저자에게 이런 출판사는 과연 매력이 있을까. 베스트셀러를 내는 어떤 저자는 작은 출판사와는 책을 내지 않는다고 SNS에 공공연히 밝혀 둔다. 회사를 다닐 때 그 글을 보고, 정작 작고 소박한 것들에 관한 글을 쓰는 그분의 언행으로 걸맞지 않다고 여겼다. 지금은 '어차피 작은 출판사랑 일하지 않을 생각이니 연락하지 말라'는 메시지로 보인다.

그분 말씀에 일리가 없지 않다. 작고 소박한 것을 사랑할지언정 책을 통해 자신의 존재감을 확장하고 싶은 마음을 누가 뭐라고 할 수 있을까. 내 입장에서 그분에게 함께 책을 만들자고 손 내밀 일이야 있을까 싶지만, 같은 운동장에서 겨뤄야 하는 다른 출판사에 비해 작은 출판사는 어떤 장점을 갖춰야 할까 생각해 볼 지점이 아닐 수 없다.

출판사는 책을 만드는 곳이면서 책을 파는 곳이다. 양 날개가 함께 움직여야 새는 앞으로 나아갈 수 있다. 잘 만들면서 잘 파는 곳이어야 할 텐데, 그게 과연 어떻게 가능할까.

고백하자면 처음 시작할 때만 해도 사고 없이 순탄하게 책을 만들어 내기만 하면 될 거라고 생각했다. 일 년에 여섯 권의 목록을 꿈꿀 때도 많이 팔리지 않아도 소박하게 살 수만 있으면 좋겠다고 여겼다. 하지만 목록이 쌓이면서, 나를 위해서가 아니라 저자들을 위해서 함께 고생해 만든 책이 독자들에게 더 많이 알려지고, 더 많이 팔리기를 바라는 마음이 점점 커지고 있다. 나와 손

잡고 만든 책을 통해 저자들의 생각이 이 사회 곳곳에 영향력을 미치고, 그분들의 꿈이 책을 통해 구현되는 모습을 보고 싶다는 바람도 품게 된다.

책 한 권을 함께 만든 저자와 다음 책을 또 만들면 성공이라고 생각했다. 이 생각 역시 맞지만, 정확한 건 아니다. 한 권을 냈을 때는 그저 무사히 세상에 책을 낸 것만으로도 충분히 기뻤다. 세 권을 내니 출판사와 서점이 어떤 경로로 책을 주고받고, 어떻게 운영을 해 나가는지 어렴풋하게나마 감을 잡았다. 일곱 권을 내니 이제 책을 무사히 내는 걸로도, 서점과의 일 처리에 익숙해지는 걸로도 만족할 수 없다. 내 꿈은 점점 커지고, 욕망은 하늘로 솟는다. 이 꿈과 욕망을 해소할 것, 그것이 바로 나의 할 일이다. 완성도 높은 책을 만드는 것은 이제 기본값이 되어야 한다. 그조차 참 어려운 일이지만 책 한 권의 목표치를 거기에만 두어서는 안 된다는 사실을 이제는 알겠다. 1124부라는 숫자를 존중하고 아끼되 그 안에서 안도하지 않고 내 손을 거쳐 세상에 나온 책의 존재감을 키워 주고 싶다. 어떻게든 내가 만든 책을 더 널리 알릴 길을 적극적으로 찾아낼 것. 대표로서 내가 스스로에게 부여하는 다음 단계의 미션이다.

출판사를 이루는 요소는 또 무엇인가. 부인할 수 없는

절대적 존재, 독자다. 어쩌다 보니 내가 쓴 책을 내 출판사에서 내 손으로 만들게 되었다. 그렇게 나온 책 『나의 집이 되어 가는 중입니다』의 「책을 펴내며」에 나는 이렇게 썼다.

민망함을 무릅쓰고 책을 세상에 내보내는 것은 연재의 글이 올라올 때마다 지켜봐 주고 무명의 블로그에 일부러 찾아와 따뜻한 성원을 보내 준 독자들 덕분이다. 책은 책을 읽어 주는 분들을 위해 존재한다. 그분들 덕분에 이 책이 존재한다.

혜화1117에서 펴낸 책을 읽고 포털 사이트에 정성껏 글을 올려 주시는 분들을 간혹 본다. 혜화1117의 빈약한 SNS에 서툰 글을 올릴 때마다 잊지 않고 '좋아요'를 눌러 주는 분들인 경우가 꽤 있다. 글 올렸다는 내색도 없이 조용히 응원을 해 주는 독자들이다. 온라인 서점에 후기를 지속적으로 올려 주는 독자도, 혜화1117에서 펴낸 책을 나오는 대로 구해서 본다는 독자도 있다. 책을 읽고 출판사 주소로 무작정 선물을 보내 주는 분도, 새로 나온 책 잘 읽었다고 이메일을 꼬박꼬박 보내 주는 분도 있다. 아무도 없는 빈 땅에 깃발 하나 꽂고 시작했을 때 세상은 막막한 광야였다.

이제는 책을 만들 때 그분들을 떠올린다. 실체가 없는 미지의 독자를 떠올릴 때보다 훨씬 더 정성을 다하게 된다. 아무도 돌아보지 않는 출판사의 책을 눈여겨본 독자들이 있어 나는 오늘도 밥을 먹고, 웃음 짓고, 새로운 날을 보낼 수 있다. 앞으로 세상에 내놓는 책이 그분들에게 의미 있는 존재가 되었으면 좋겠다. 출판사의 처음을 기억하는 그분들이 시간과 더불어 성장하고 날이 갈수록 더 단단해지는 혜화1117의 모습을 보며 자부심과 뿌듯함을 느끼면 좋겠다. 새 책이 나오면 마음껏 반가워할 만한 책을 만드는 것, 그것이 또한 나의 할 일이다. 혜화1117의 책은 나의 소박한 삶을 위해 존재하기보다 독자에게 유익한 것이 되어야 한다. 이 역시 대표로서 내가 스스로에게 부여하는 또 하나의 미션이다.

책과 저자와 독자. 세상의 많은 출판사는 이 세 가지 입자로 인해 존재한다. 새싹이 되어 광야에 자리를 잡기 시작한 혜화1117 역시 이 입자들이 없으면 존재할 수 없다. 작은 출판사를 처음 시작할 때 미처 생각하지 못한 일을 숱하게 겪었다. 때로는 바람처럼, 빛처럼, 노래처럼 나를 행복하게 해 준 입자들을 사랑한다. 나를 이루고 작은 출판사를 존재케 하는 귀한 입자들을 더 빛나게 하는 일, 이것이 나의 할 일이다.

인생 후반에, 이전과 다른 삶을 살고자 출판사를 시작했다. 처음은 그랬다. 시간이 지나니 미처 알지 못했던 새로운 길이 내 앞에 놓였다. 혜화1117의 책을 통해 독자들은 유익하며, 저자들은 행복하고, 노동자이자 대표인 나는 그것을 위해 복무한다. 이 사실을 늘 잊지 않는 것, 나의 모든 할 일은 바로 여기서부터 비롯된다. 연차가 쌓이고 만든 책이 늘어날수록 새로운 과제가 주어진다. 그 과제를 풀어 나가는 일은 쉽지 않을 것이다. 그러나 그 과정에 책과 저자, 그리고 독자가 함께 한다. 그 믿음으로 오늘도 나는 다름 아닌 '나'로 살아가는 중이다.

편집자로서 출판사를 차리고
싶다는 꿈을 가지고 있다면

1.
책의 일생을 좀 더 자세하게 들여다보자

보통 편집자는 기획부터 출간까지는 '주체적'으로 존재하나, 그 이후 제작과 영업으로 넘어가면 그저 '거들 뿐인 자'로 존재한다. 물론 이해한다. 책 한 권을 세상에 내보내고 나면 주체적 존재이길 요구하는 다음 책이 줄줄이 대기 중일 것이다. 하지만 언젠가 출판사를 차려 보고 싶은 마음이 든다면 한 걸음 더 깊이 들어가 내 책상을 떠난 책의 상황을 지속적이고 면밀하게 살펴볼 필요가 있다. 특히 책의 일생을 둘러싼 온갖 숫자가 무엇을 의미하는지는 구체적으로 분석해 볼수록 좋다. 한 권으로 끝나면 안 된다. 비슷한 책인데 성과는 딴판인 책이라면 더더욱 촉각을 곤두세우자. 관찰이 길수록, 비교 대상이 많을수록 데이터는 쌓이고, 그것은 어느새 피가 되고 살이 되어 있을 것이다. 무엇을 어떻게 느끼느냐는 개인 차에 달렸다. 편집자 시절에 이렇게 했느냐고? 당연히 아니다. 이러면 좋을 거라고 알려 주는 사람이 있었을까? 없었다. 진작 알았더라면 지난 2년 동안 해 온 무수한 삽질은 생략되었을 것이다.

2.
편집자로서 자신을
브랜드화하는 데 관심을 갖자

일반화할 수는 없으나 내 경우만 놓고 보면 책 만들면서 외부에 나를 노출하기를 꺼렸다. 책의 뒤에 숨어 있는 것이 편집자의 존재 방식이라고 배웠던 게 영향을 미쳤다. 절반은 맞고 절반은 틀렸다. 평생 출판사에서 일할 생각이라면 그래도 괜찮다. 하지만 인생 어찌 될 지 알 수 없다. 세상을 향해 자신의 이미지를 구축해 둘 필요가 있다. 여기에서 세상은 독자이기도 하고, 동종 업계 관계자이기도 하며, 서점 담당자나 언론사, 저자(후보 포함)이기도 하다. SNS라는 매우 유용한 도구가 있다. 적어도 내가 어떤 책을 만들며 어떤 자세로 일을 하는지 세상에 드러내 보자. 비록 퇴사 후에 내가 만든 책의 다음 쇄 판권면에서 내 이름은 사라질지언정 그 책과 나의 연결 고리는 어딘가 남겨 두는 편이 좋다. 그래야 출판사를 새로 시작해서 낯선 이들 앞에 명함을 내밀 때 덜 '뻘쭘'하다. 허명을 꿈꿔서는, 단기간의 연출로는 바라는 걸 얻을 수 없다. 다들 알지 않는가. 그럴듯한 이미지로 세상은 우리를 속일 수 없다는 걸. 세상도 나에게 쉽게 속지 않는다. 매우 고전적인 단어라 새로울 것도 없지만 여기에서도 통하는 건 지속성과 진정성이다. 한 가지 더 말하자면 온도 조절이 필요하다. 이 책을 내가 얼마나 사랑하는지, 이 일을 위해 최선을 다했다든지 하는 감성 일변도보다는 실제로 책 한 권을 세상에 내놓기 위해 내가 어떤 일을 했으며 그 결과를 나는 어떻게 바라보고 있는가를 '프로답게', '분석적으로' 드러낼 필요가 있다.

3.
회사 보고용 말고 자신만의 결산 자료를 냉정하게 정리해 보자

누구 보라고 쓴 블로그와 혼자 보려고 쓴 일기는 내용이 다를 수밖에 없다. 한 해를 정리할 때 성과급 수령 여부에 신경 쓰는 만큼 진실된 나의 실적을 '가감 없이' 분석해야 한다. 기획부터 출간까지는 물론 이후 홍보 및 마케팅 과정까지 낱낱이 들여다봐야 한다. 잘한 점을 찾는 게 목표가 아니다. 잘못한 부분, 더 잘할 수 있었던 부분을 찾는 게 목표다. 실수는 끝까지 스스로를 다그쳐서 원인을 파악하고 대안을 마련해야 한다. 지금이야 회사 비용으로 처리할 수 있지만 훗날 그런 실수는 습관이 되어 나의 통장을 초토화시킬 수 있다. 그 위기를 겪어 본 자의 고백이다.

4.
제작과 매출 관련 숫자에 익숙해지자

이건 정말 중요하기에 다시 언급한다. 1번과 연결하여 절대 간과하지 말자. 이걸 모른다면? 아차, 하는 순간 통장 앞자리 숫자가 순식간에 달라진다. 물론 안 좋은 쪽으로. 이것 역시 경험담.

5.
나는 과연 하고 싶은 일을 잘하는 사람인가,
스스로를 꼼꼼하게 들여다보자

출판사를 직접 차리고 싶은 이유를 물으면 대부분 '만들고 싶은 책을 만들며 살고 싶다'고 답한다. 나도 그랬다. 그럼 자신에게 물어야 한다. 스스로 돌아볼 때 나는 과연 만들고 싶은 책을 잘 만드는 사람인가? 하고 싶은 일, 만들고 싶다는 책의 정체가 무엇인지 말할 수 있기는 한가? 만들고 싶은 책을 만들며 적어도 몇 년을 끌고 갈 자신은 있는가. 막상 출판사를 시작하니 이 부분이 많이 모호해지고, 자신감이 급격하게 사라지는 순간을 자주 겪었다. 한번 사라진 자신감은 어지간해서는 회복되지 않는다. 게다가 출판은 혼자 좋아서 시작했다가 시들해지면 그만둬도 괜찮은 취미 생활이 아니다. 도의적으로는 나를 믿고 원고를 맡긴 저자가 있고, 현실적으로는 나를 거래처로 받아들이기 위해 무수히 많은 업무를 처리해야 하는 거래처 담당자가 있다. 나는 과연 이들의 신뢰와 노동을 책임질 자세가 되어 있는가, 곱씹어 봐야 한다. 훗날 책임을 내팽개치게 되는 일이 없으려면 미리 자문과 자답을 성실하게 하고 또 하기를 권한다.

> **출판사 시작한 지 2년,**
> **이랬으면 좋았겠다 싶은 것**

1.
출판사 이름은 영어나 한자 권에서
읽기도 말하기도 쉽게 만드는 게 좋았겠다

물론 몰랐던 게 아니다. 하지만 출판사의 출발이 오래된 한옥에서 비롯되었다는 의미를 회사 이름에 부여하고 싶었다. 주로 국내서를 중심으로 펴내니 괜찮을 거라고 생각했다. 그런데 막상 해 보니 외국 출판사와 소통할 일이 꽤 있다. 영미권은 물론 중국, 일본 쪽 담당자들에게 '혜화1117'은 읽기도 말하기도 참 낯선 이름이다. 물론 설명을 들으면 재미있어 하기는 하지만. 하긴 멀리 갈 것도 없다. 이 책을 읽고 있는 분들은 '혜화1117'이라는 출판사 이름을 처음 봤을 때 숫자 부분을 어떻게 읽으셨을지 궁금하다. 그 당황스러움의 크기가 바로 이 이름을 알리는 데 겪고 있는 내 어려움의 크기다.

2.
작은 출판사라는 이유로
너무 위축되지 않아도 좋았겠다

물론 작은 출판사라서 불리한 점이 분명히 있다. 작은 출판사라는 게 사실인 이상 어쩔 수 없는 건 어쩔 수 없는 거다. 하지만 모든 면에서 그런 건 아니다. 우선 생각보다 독자들은 출판사 이름에 크게 관심이 없다. 또 이미 오래전부터 고군분투에 온 빛나는 신배들 덕분에 작은 출판사를 선입견 없이 대하는 분위기다. 아울러 서점 매대에 올라가면 책은 의외로 평등하다. 신생이니까, 규모가 작으니까 뭔가 불리할 거라는 생각, 독자들이 신뢰하지 않을 거라는 생각에 미리 어깨가 쪼그라들지 않아도 될걸 그랬다.

3.

서점 담당자를 너무 무서워하지
않아도 좋았겠다

서점에 미팅 갈 때마다 심호흡을 백만 번 했다. 그들은 지나치게 고수 같고, 나는 그저 애송이 같았다. 말 한마디 잘못하면 당장 '잡아먹힐' 것 같았다. 그런 일은 없다. 그들은 그들의 일을 할 뿐이고 나는 나의 일을 할 뿐이다. 내가 보낸 메일에 회신이 없다면 그저 바쁠 뿐이다. 작은 출판사여서가 아니다. 두 번 일하게 하지 않고 했던 말 또 하게 하지만 않는다면 그들과의 평화는 지속된다. 모 서점 엠디는 저자 이벤트를 제안했다가 내가 너무 못 알아듣자 당황하고 답답한 나머지 메일에 이렇게 써 보냈다.

"제가 딱 한 번만 설명해 드리겠습니다."

나는 정말 쥐구멍에 들어가고 싶었다. 다음번 미팅 전날 그분 만날 생각에 잠이 안 올 지경이었다. 이런 일만 안 만들면 된다. 다만, 무관심이 지나쳐 무례하게 느껴질 때도 있다. 열 받아 얼굴이 시뻘게지는 게 느껴질 때도 있다. 하지만 그건 나한테만, 내가 작은 출판사여서 그런 게 아니다. 오버해서 열받을 일이 아니다. 서점 접견실에 가 보면 그분들 참 애쓰며 산다 싶을 때가 있다. 모든 노동은 기본적으로 애틋하고 측은하다. 잘 팔리는 책 만들어서 그분들 어깨에 날개를 달아 드리고 싶은 맘이 들 정도다. 피차일반일 것이다. 그러니 판매 지수를 높여 주는 자, 어깨가 활짝 펴질지어다. 그렇지 못한 자, 감당해야 할지니라.

4.

출간 일정을 규칙적으로 맞췄다면 더 좋았겠다

일 년에 여섯 권 출간을 목표로 삼았지만 그렇게 하지 않았다. 아니 못했다. 의지가 불타오를 때는 막 달리다가 이왕 늦어진 거 한동안 좀 쉬자고 마음먹으면 서너 달씩 건너 뛰곤 했다. 개인 취미생활하는 것도 아니고 회사를 운영하는 자의 자세는 이러면 안 된다. 새 책이 안 나오면 먹고사는 문제에 지장이 생긴다. 그뿐만 아니다. 이 출판사가 어떤 책을 어떻게 내는지 지켜보는 눈이 꽤 많다. 그것은 결국 회사의 존재감과 신뢰도에 영향을 미친다. 초반 속도전에 주력하기보다 일정 기간 꾸준히 내는 것에 더 치중하는 게 좋았겠다. 앞으로도 마찬가지다. (급 반성 모드로 전환!)

5.

SNS를 통해 정제된 회사의 이미지를 만들어 나갔다면 좋았겠다

처음에는 그저 없던 존재를 세상에 만들어 냈다는 사실에 홀로 들떠 좌충우돌한다. 모든 것이 익숙하지 않으니 서툴러도 어쩔 수 없다고 생각한다. 이 정도 해낸 것도 어디인가, 스스로에게 한없이 관대하다. 그러면 곤란하다. 세상을 내 '뜻'대로 움직일 수 없으면 적어도 내가 만든 SNS 공간 안에서는 내 '뜻'대로 해야 한다. 그러자면 '뜻'을 세워야 했다. 이 공간을 통해 발신하고 싶은 메시지의 유형을 좀 더 고민하고 출발선에 서야 했다. 어수선하고 좌충우돌하는 게 나의 본모습이 아니라는 걸 나는 알지만 세상은 모르지 않는가.(앗, 어쩌면 이게 내 본모습일 수도?) 개인이 아닌 회사의 공적 공간이라는 걸 제대로 고민했다면 좋았겠다.

> **출판사 시작한 지 2년,**
> **이건 참 잘했다 싶은 것**

1.
원래 계획대로 국내서를 출간해 온 것

국내서 중심으로 출간하겠다고 했을 때 다들 의심스러운 눈초리를 보냈다. 현실을 모르는 애송이의 치기쯤으로 여기고 있다는 걸 눈치챘다. 왜 그렇게들 봤는지 그때는 몰랐지만 이제는 알겠다. 그렇다 보니 국내서를 중심으로 내겠다는 다짐을 얼마나 유지할 수 있을지 잘 모르겠다. 다만 지금까지 이렇게 꾸려 온 나를 칭찬한다. 번역서와 국내서의 차이가 뭐길래 이러느냐고 묻는다면 이렇게 답하련다.

한 해에 여섯 권을 내겠다고 마음먹은 나의 경우를 예로 삼아 보자. 한국어를 쓰는 저자 가운데 이제 막 시작한 출판사를 위해 원고를 준비하고 있는 저자는 손에 꼽는다. 한두 권의 원고를 확보한 것만으로도 대견하다. 나머지는 기획 단계다. 이 말은 그러니까 언제 원고가 완성될지 미지수인 데다, 들어온 원고가 무조건 베스트일 거라고 장담할 수 없다는 의미이기도 하다. 두 달 후 출간 예정인 원고는 저자 선생님 댁에 갑자기 무슨 일이 생기거나, 컴퓨터가 말썽을 부려 주옥같은 원고가 통째로 날아갈 위험을 늘 동반한다. 기획은 창대했으나 내용은 옆 산으로 가 있는 원고는 세상에 얼마나 많은가. 번역서는 어떨까. 상대적으로, 여러모로 위험 요소가 덜하다. 시간만 넉넉히 둔다면 예정일에 무사히 출간할 수 있는 가능성이 매우 높다. 건조하지만 평화롭게 일 년에 여섯 권을 순조롭게 펴낼 가능성이 상내적으로 높은 편이나. 물론, 여기에도 무수한 변수가 존재하는 걸 모르지 않는다. 하지만 아직 가 보지 않은 길을 저자와 두 손 잡고 헤쳐 나가야 하는 게 국내서 출간이라면 번역서 출간은 때로는 산을 넘고 바다를 건널지라도 그나마 정해져 있는 길을 성실하게 나아가는 셈이니 많은 상황이 예측 가능하고, 대응이 한결 낫다.

처음에는 가 보지 않은 길을 저자와 함께 헤쳐 나가는 일을 사랑하니 이 길만을 가겠노라 속으로 다짐했다. 하지만 언제까지 그럴 수 있을까. 작은 출판사에 원고를 맡겨 주시는 혜화1117의 저자 같은 분을 얼마나 더 많이 만날 수 있을까. 기획 의도에서 벗어난 원고를 놓고 끙끙 씨름할 에너지는 언제까지 유지할 수 있을까.

그렇다면 국내서를 고집하는 이유는 무엇이란 말인가. 책 한 권에 편집자로서 개입할 수 있는 범위가 훨씬 넓다는 게 매력이다. 원고와 지지고 볶는 걸 즐긴다면 도전하길 권한다. 이 맛에 빠지면 헤어나기 어렵다. 게다가 한국에서 한국말로 한국 독자와 소통하는 저자일수록 책을 알리는 데 여러모로 유리하다. 선인세를 지불해야 하고, 번역료를 별도로 책정해야 하는 번역서에 비해 초반 비용이 덜 드는 점도 큰 장점이다.

2.
제작비를 비롯한 지출 관리를 잘해 온 것

이건 내가 잘했다기보다 통장 안에 있는 돈이 한정되어 있어서 결과적으로 그렇게 된 셈이다. 돈이 넉넉하지 않으니 꼭 필요한 곳에만 지출하게 된다. 습관적으로 해 오던 후가공의 효용을 진지하게 따지기 시작하고, 용지 역시 매우 안전하게 결정한다. 시행착오는 곧 비용이며 지출이다. 노트북이나 PC를 새로 장만할 때 묻지도 따지지도 않고 '신상'과 최고 사양만을 고집하던 이전의 나와 달리, 쓰는 데 문제가 없다면 중고품에도 마음이 활짝 열린다. 월급을 받는 삶에서 그렇지 않은 삶을 살게 되니 일상에서도 마찬가지였다. 그렇다고 쓸 돈을 못 쓰고 산 건 아니다. 원칙을 정하고, 그에 맞게 집행했다. 충동구매를 최대한 줄이고 미리 적어 둔 목록대로만 집행하기. 작은 것을 지키면 큰 것도 지키리라, 이런 셈인지도.

3.
회계 및 제작 관련 업무를 전문가에게 맡긴 것

세금 처리 업무가 꽤 많다. 선배들의 말을 들어 보니 회계사무소 등에 대행을 맡기기도 한다는데, 일이 있거나 없거나 한 달에 몇만 원씩 고정비를 지불해야 했다. 비록 몇만 원 남짓이어도 수입이 확실치 않은데 고정비용을 늘리는 게 마음에 걸렸다. 직접 해 볼까 생각했다. 딱 두 달 해 본 뒤 마음을 딱 접었다. 내가 할 수 있는 일이 아니었다. 이걸 처리하느라 끙끙대는 나의 스트레스와 시간이 만만치 않았다. 몇 번 더 해 봤다면 익숙해졌을지도 모른다. 실제로 직접 처리하는 출판사 대표도 많다. 하지만 나는 지금 이 순간에도 내가 직접 해야 한다고 생각하면 머리가 핑 돌 것만 같다.

이전에 다니던 회사에는 제작 담당 부서가 따로 있었다. 제작으로 넘어가면 신경 쓸 일이 없었다. 그런데 작은 출판사는 직접 다 해야 한다. 나로 말씀드리자면 모 출판사 재직 당시 제작 담당을 맡기도 했다 (무려 20년 전 일이다). 제작이라면 적어도 다른 편집자들보다는 알 만큼 안다고 생각했다. 착각이라는 걸 깨닫는 데는 5초도 걸리지 않았다. 제작은 단지 종이 계산만 잘한다고 될 일이 아니다. 지업사, 인쇄소, 제본소, 후가공 업체를 내가 다 챙길 수 없었다. 그렇다면 어떻게 해야 할까. 다니던 회사 거래처 인쇄소 상무님께 도와 달라고 했다면 기꺼이 도와주셨을 것이다. 실제로 작은 출판사 시작할 때 그렇게 하는 경우가 많다. 재직 중에 안면을 나눈 인쇄소에 상황을 이야기하고, 종이 수량부터 제본까지 부탁하는 식이다. 그런데 제작이라는 게 일을 맡기는 것으로 끝나지 않는다. 안 좋은 상황을 떠올려 봤다. 만약에 제작 사고라도 생기면 어쩌지? 수습할 일이 까마득했다. 선의와 호의로 시작된 일이어서 책임을 묻기도 참 난감할 듯했다. 그렇다고 비용을 책정하는 것도 피차 난감했다. 게다가 책 한 권 나오면 거래처마다 작업비를 쪼개서 지급하는 것도 만만치 않아 보였다. 작은 출판사는 대표의 노동집약형 업종이다. 시간이라는 나의 자원은 한정되어 있고, 우선순위를 잘 따져 자원을 써야 한다. 그래서 나의 선택은? 믿을 만한 제작 대행업체에 통째로 맡기는 길을 선택했다. 이미 몇몇 출판사의 일을 돕고 있는 업체를 소개받았다. 전문가에게 일을 맡기면 당연히 비용이 발생한다. 커피값을 아껴서라도 이건 맡기고 보자 결심했다. 말하자면 나의 수명 연장 비용이랄까. 들어가는 비용 대비 효과가 아직까지는 매우 만족스럽다.

4.
기획부터 교정까지 혼자 다 해 온 것

단순히 비용 절감의 차원만은 아니다. 기획이야 그렇다고 해
도 교정은 외주로 내보낼까 생각한 적이 없지 않았다. 하지
만 아무리 작아도 출판사의 틀을 잡아 나가는 데 일정한 과정
이 필요하다고 생각했다. 다니던 회사의 교정 원칙에 따라 책
을 만들던 때와는 다른 나만의 질서와 규칙을 만들 필요가 있
었다. 그건 내가 직접 해 보지 않으면 못하는 일이었다. 출판
사를 차리기 전 언젠가부터 교정을 외주로 내보내는 일에 나
도 익숙해져 있었다. 출판사를 차리고 보니 어쩐지 그래서는
안 될 것 같아 직접 교정을 보기 시작했다. 아주 바쁠 때는 기
본적인 사항의 확인 정도는 외주자에게 부탁하기도 했지만
전체 작업을 주로 혼자 하다 보니 하나부터 열까지 새로 시
작하는 기분이었다. 관념과 이성의 나열이 아닌 매우 구체적
이고 실질적인 빨간 펜의 나날이 이어졌다. 그런데 참 신기했
다. 책상 앞에 엉덩이를 붙이고 앉아 교정지와 씨름을 거듭하
는 동안, 나는 아주 세부적인 것부터 하나하나 판단하고 결정
하고 있었다. 그러고 있자니 내가 정말 새로운 세계를 창조해
나가는 기분이 들었다. 창조라는 말은 정확하지 않다. 장악이
라는 말이 더 맞겠다. 내가 만든 세계를 온전히 장악하는 느
낌, 회사를 다닐 때 해내야 했던 수많은 업무 리스트 중 하나
였던 교정지로는 경험하지 못한 '맛'이었다. 그렇게 무슨 책

을 만들 것인가 하는 문제부터 본용언과 보조용언의 띄어쓰기를 어떻게 할 것인가까지 크고 작은 모든 것을 내가 결정하며 일하다 보니 일종의 규범이 저절로 만들어졌다. 꽤나 쓸모 있고 편리하다. 일곱 권쯤 만들고 보니 새 책을 만들면서 뭔가 헷갈릴 때, 결정을 내려야 하는 순간이 올 때면 앞서 만든 책을 펼치면 된다. 내가 만든 질서가 그곳에 이미 존재한다.

5.
욕심을 부리지도 오버하지도 않은 것

첫 책 『외국어 전파담』 출간 후 마케팅을 적극적으로 해 보자는 광고 제안을 꽤 받았다. 정말 고민 많이 했다. 새가슴이라 결국 안 하는 쪽으로 결론을 냈다. 괜찮아 보이는 출간 기획서도 받았는데 저자가 워낙 유명한 분이라 출간 후 그 뒷바라지를 감당하기 어려워 보였다. 감당할 수 있는 만큼만 일하며 살자던 나의 초심을 들어 사양. 아마 그 제안을 받았다면 나는 쓰나미 한복판에서 결국 제정신을 잃었을 것이다.

++

담당 편집자가 2년 차 작은 출판사 대표에게 물었다

1.
초기 자금은 어느 정도 준비해야 할까요?

나 역시 처음에 이게 궁금했다. 어떤 선배는 3000만 원짜리 마이너스 통장으로 시작했다고 한다. 또 어떤 선배는 살던 아파트 정리해서 1억 원을 종잣돈으로 삼았다고 했다. 이 어마어마한 간극을 어떻게 설명할 수 있을까. 나는 본문에도 썼지만 통장에 1000만 원 넣어 놓고 시작했다. 답은 없다. 무슨 계산에 의해서 1000만 원을 넣은 게 아니다. 집 짓느라 모든 돈을 쏟아붓고 있을 무렵이라 여윳돈이 없었다. 그래도 책 한 권 만들 제작비와 저자 인세는 확보해야 할 것 같아 겨우 마련한 돈이 1000만 원이었다. 혹시 몰라 마이너스 통장을 마련해 두긴 했지만 1000만 원을 다 썼는데 회수가 안 되면 다른 길을 찾아보기로 남편과 약속했기 때문에 그야말로 마지막 카드로 생각했다.

첫 권을 낸 뒤 연달아 두 권을 더 낼 계획을 세웠다. 모두 국내서였고, 두 번째와 세 번째 책은 흑백으로 인쇄할 예정이었다. 첫 권 예상 매출은 매우 소극적으로 잡았다. 그것을 바탕으로 두 번째 책을 제작할 수 있으면, 두 번째 책을 팔아 세 번째 책을 낼 수 있으면 선방이라고 생각했다. 그때까지는 실질 수익을 기대하지 않았다. 마이너스 통장에 손대지 않고, 그 안에서만 돌아가도 성공이라고 예상했다.

번역서를 낼 생각이라면 선인세와 번역료까지 감안해야 한다. 텍스트 위주의 흑백 인쇄로 첫 책을 낸다면 책 한 권 제작비는 훨씬 적게 든다. 그러니 스스로 어떤 책을 낼 것인가를 살피고 그에 맞춰 제작비와 인세에 들어갈 금액을 산출해 볼 필요가 있다. 처음 세 권 정도 만들 제작비와 인세를 마련해 놓으면 마음의 평화를 유지하는 데 도움이 될 것이다.

2.
자금 순환은 어떻게 이루어지나요?
예산은 어떻게 짜면 될까요?

첫 책을 출간하면 대형 서점, 도매업체, 온라인 서점 등과 거래를 하게 된다.

온라인 서점은 계약 담당자와 거래 계약을 맺고 난 뒤 분야별 엠디와 만나 인사를 나누고 책 소개를 한다. 그러면 그 자리

++

에서 또는 그 다음 날에 주문이 이루어지고, 주문 부수에 대한 책값은 그 다음 달 정해진 날짜에 현금으로 입금된다.

보통 지역 서점이나 동네 책방 등 오프라인에 책을 배포하는 도매업체는 역시 계약을 하고 주문 부수를 입고한 뒤 일정 기간, 일정 금액이 쌓일 때까지 '잔고'를 확보한다. 말하자면 서점 매대에 깔리기는 했지만 판매로 즉각 이어지지 않기 때문에 그 유예 기간을 고려하는 셈이다. 일정 기간이 지나도록 안 팔린 책은 반품되기 때문에 무작정 입고한 부수대로 지불할 수 없는 노릇이기는 하다. 여기에서 대한민국 출판계의 유통 시스템을 논하기는 무척 어려운 일이다. 그저 서로 납득할 수 있는 '잔고'가 쌓일 만큼의 시간이 필요하다는 걸 알아 두어야 하고, 그다음 수금이 이루어질 경우에도 많은 곳에서 여전히 현금이 아닌 전자어음으로 지급한다는 사실도 알아 둬야 한다. 보통은 같은 책 재주문이 들어온 다음에야 입금이 이루어진다고 생각하면 되겠디. 출간 목록이 쌓일수록 건별 집계는 불가능해지고, 숫자는 점점 오리무중의 세계로 빠져들며 그저 그쪽 장부와 이쪽 장부가 일치하기만 해도 안도의 한숨을 내쉬게 된다. 내 회사에서 내보낸 책이 도매업체 창고에 몇 부가 있는지, 전국 어떤 서점에 지금 어떻게 배포되어 있고 어떻게 팔리고 있는지는 아예 알 생각도 못하고 있다. 출판 유통의 선진화는 대체 언제쯤 이루어질 것인가!

대형 서점은 온라인 서점과 오프라인 매장의 성격을 동시에 가지고 있다고 생각하면 이해가 쉬울까. 계약 후 분야별 구매

팀과 온라인 담당 엠디를 따로 만나야 한다. 보통 구매팀에서 주문 부수를 정하는데, 여기도 일정 잔고를 확보할 시간이 필요하다. 대신 지급은 매우 정확하게, 현금으로 정산한다.

온라인 서점에서는 주문한 만큼(반품 차감은 나중 일이고) 정산이 되니 출간 다음 달부터 통장으로 돈이 들어온다. 도매업체와 대형 서점은 첫 책이 얼마나 빠른 시간 안에 팔리느냐, 그래서 재주문이 이루어지느냐, 다음 책을 얼마나 빨리 출간하느냐 등등에 따라 돈이 들어오는 시기가 달라진다. 빠르면 다음 달에 바로 들어올 수도 있고 아니면 두세 달 후 입금 대신 반품이 들어올 수도 있다.

결국 자금 순환은 내가 만든 책이 얼마나 팔리느냐에 따라 좌우된다. 많이 팔리면 첫 권 출간 이후 제작비를 회수하고 인세 지급도 문제가 없고, 다음 책 제작비도 넉넉하다. 책이 잘 안 나가면 온라인 서점 주문 부수만큼의 현금만 확보하게 된다. 잔고를 쌓은 뒤 수금이 될 때까지 모든 비용을 출판사가 다 감당해야 한다. 이런 흐름 위에서 예산을 수립하고 집행해야 하는데, 써 놓고 보니 참으로 살 떨리는 현장이 아닐 수 없다.

3.
공급률 숫자를 잘 쓰는 것은 왜 중요할까요?
초반에 모든 거래처와
무조건 계약을 하는 게 좋을까요?

두 번째 질문에 먼저 답을 하자면 처음에는 온라인과 오프라인 매장을 가진 대형 서점, 주변에서 많이 거래하고 있는 도매업체, 온라인 서점 각 한 곳과만 직거래를 시작했다. 앞으로 업무를 어떻게 해 나갈지 전혀 모르는 상태에서 여러 곳과 거래를 시작하기가 아무래도 부담스러웠다. 결과적으로는 그래도 괜찮았다. 시간이 좀 지나고, 어떻게 일이 흘러가는지 알게 된 다음에 거래처를 늘리는 쪽이 나에게는 더 나았다. 그러니 괜히 처음부터 여러 곳과 계약을 하려고 서두를 필요는 없을 듯하다.

첫 책이 잘 필리자 다른 곳에서 거래를 하자고 제안을 해 오기도 했고, 혜화1117의 책을 공급하고 싶은 동네 책방이 다른 도매업체를 통해서만 책을 받기도 하는 등 여러 가지 이유로 지금은 온라인 서점과는 모두 직거래 계약을 했고, 도매업체는 세 군데로 거래처를 늘렸다. 대형 서점은 여전히 한 곳과만 직거래를 하고 있다.

공급률 이야기를 하자면 좀 복잡하다. 출판사의 책을 공급받아 독자에게 판매하는 서점 및 도매업체는 이익률을 높이기 위해 가급적 낮은 가격으로 공급받길 원하고, 출판사 역시 이익률을 높이기 위해 높은 가격으로 공급하고 싶은 데서 일종의 협상이 이루어진다. 협상이라고 쓰긴 했지만 대부분 도매업체나 대형 서점에서 제시하는 숫자에 따르게 된다. 이유는 간단하다. 도매업체나 서점은 나 없어도 돌아가지만 나는 이들 없이는 출판사를 해 나갈 수 없기 때문이다. 계약할 때 등장하는 용어는 하나가 아니다. 공급률은 설명했고, 매절 부수, 일원화 여부도 함께 결정해야 한다. 서점과의 거래는 기본적으로 '위탁'이다. 출판사의 책을 일정 기간 책방 매대에 비치하고 안 팔리면 반품한다는 뜻이다. '일정 부수' 이상을 한꺼번에 주문하는 대신 공급률을 낮게 조정해 주고, 반품을 하지 않기로 하는 것이 '매절'이다. 물론 매절로 공급한 책도 반품이 들어온다. 여하튼 여기에서 '일정 부수'를 몇 부로 하느냐 역시 계약 조건에 써넣어야 한다. 일원화는 도매업체와의 계약에서 주로 등장하는 용어다. 한마디로 말해 이 도매업체를 통해서만 독점으로 공급하겠다는 약속이다. 일원화 계약을 하느냐 마느냐는 도매업체마다 설명을 들어 보고 어느 쪽이 유리한지 판단해서 결정해야 한다. 또한 분야별 공급률을 다르게 적용하는 곳도 있다. 판매를 크게 기대하지 않는 학술서나 전문 분야는 상대적으로 공급률을 높게 잡고, 기대할 여지가 큰 비소설 등은 상대적으로 공급률을 낮게 적용한다. 한 번 써넣은 계약 조건을 번복했다는 경우는 거의 들어 보지 못했다. 그러니 처음 계약할 때 이런 사항에 각별히 신경을 써야 한다.

열심히 설명하긴 했지만 설명이 제대로 되었을까? 아닐 것이다. 해 보지 않으면 모르는 부분이 확실히 있다. 나 역시 친절하게 설명해 주는 여러 선배의 이야기를 들으면서도 내내 안개구름이 눈앞을 가리는 것만 같았다. 막상 이 세계에 뛰어들고 보니 저절로 습득되는 지점이 있었다. 어디 거래처와의 계약만이겠는가. 사는 게 다 그런 것도 같다.

4.
출판사 브랜딩이란 꾸준히 책을 내야 형성되는 걸까요? 시작하기 전에 어느 정도 준비해 둬야 할까요?

혼자 늘 생각했다. 10년 경력자가 시작한 출판사와 20년 경력자가 시작한 출판사는 뭐가 달라도 달라야 하지 않겠어? 나는 정말 첫 책을 내기 전에 모든 걸 완비해서 짠, 하고 등장하고 싶었다. 표지만 보면 어느 출판사인지 알아챌 수 있는 독특한 무엇인가를 만들고 싶었고, 출간 도서 목록부터 심지어 증정도서를 담는 봉투 로고까지 정확하게 제어된 시스템의 산출물처럼 만들고 싶었다. 생각은 생각이고, 인생은 생각대로 흘러가지 않는다. 혼자 일하는 출판사, 자금 1000만 원으로 시작하는 규모로서는 꿈꿀 수 없는 경지였던 셈이다. 뭐든 갖출 수 있다면 좋을 것이다. 마음에 맞는 파트너와 협업할 수 있다면 좋았을 것이다. 나도 그걸 바랐지만 뜻대로 되지 않았다. 그렇다고 후회하진 않는다. 내가 할 수 없다면 미련을 버려야 한다. 그보다 더 중요한 일은 출판사 이름으로 제대로 된 책을 만들어야 한다는 것이다. 한 권이라도 더 많이 세상에 내놓고, 그 책을 통해 독자와 만나는 것이야말로 작은 출판사의 이름을 세상에 알리는 가장 좋은 길이다.

5.
국내서와 외서의 비중을 맞춰야 할까요?

목표를 어디에 두느냐에 따라 조금 다를 것 같다. 출판이라는 행위를 지속적으로 유지하는 것이 중요하다면, 출판사를 운영해 나가기 위해 꼭 달성해야 하는 매출 목표가 있다면, 한 해에 출간해야 하는 종수를 정해 놓았다면 국내서와 외서를 구분할 필요가 없다. 또한 마음에 드는 분야와 주제를 다룬 책을 출간하는 게 가장 중요하다고 여긴다면 국내서와 외서 비중의 균형을 고려할 필요가 없다.

다만 어떤 출판사 대표는 기획부터 완성된 원고에 이르기까지 저자와 함께 달리는 일에 피로감을 느끼고, 마음 편한(?) 번역서 중심으로만 낼 생각이라고 말하기도 한다. 또 어떤 출판사 대표는 국내서를 중심으로 연간 출간 계획을 세우되 뜻대로 되지 않을 경우를 대비하여 안전장치로 번역서를 준비해 놓는다고도 한다. 이와 반대로 주로 안전한 번역서를 중심으로 출간 계획을 세웠지만 마음에 맞는 국내서가 있다면 적극적으로 검토하는 경우도 있다. 물론 나처럼 국내서 중심으로 출간하고 싶은 소망을 품고 살아가는 사람도 있다. 결국 출판사마다 선호하는 작업 방식이 있고, 꾸려 나가고 싶은 회사의 방향에 따라 무수히 많은 선택지가 존재한다는 의미다.

6.
동네 책방과는 어떻게 관계를
맺어 가야 할까요?

동네 책방에서 책 보는 일을 즐긴다. 나와 같은 독자들 눈에 내가 만든 책이 자주 보이면 좋겠다고 생각했다. 동네 책방과 좋은 관계를 만들어 나가고 싶었다. 낭만적인 이유만 있던 건 아니다. 만약 혜화1117에서 나오는 새 책을 전국 동네 책방 100곳에서 무조건 받아 진열해 준다면 그것만으로도 독자들과 만날 수 있는 서번을 넓힐 수 있겠나 싶었나. 그러사면 어떻게 해야 할까. 생각을 많이 했다. 하지만 뾰족한 수가 떠오르지는 않았다. 걸림돌은 무엇보다 책의 공급과 수금이었다. 혼자 출판사를 꾸리다 보니 한두 권 주문에 응대하는 일이 마음처럼 쉽지 않았다. 처음에는 한두 권만 주문이 들어와도 기쁜 마음으로 책을 보냈다. 하지만 월말이 되니 계산서를 발급하는 일이 만만치 않았다. 나 혼자 하다 보니 계산서 발급을 누락하기도 하고, 책값이 들어왔는데 확인을 못 하는 일도 많았다. 동네 책방 사장님들도 대부분 혼자 하시는 일이니 사업자등록증을 누락하기도 하고, 금액을 서로 다르게 정산하는 일도 잦았다. 그때마다 몇 번씩 연락을 주고받으며 확인하는 일이 반복되었다. 다들 바쁘시니 메일 확인도 즉각즉각 이루어지지 않아 서로 민망해지기도 했다. 동네 책방에 보내는 책은 공급률을 낮출 뿐 아니라 택배비까지 부담해서 발송하곤 했는데, 계산기를 두들겨 보니 책을 증정하는 것과 다를 바가 없기도 했다. 동네 책방 사장님들 입장에서는 무조건 선결제를 해야 하고, 게다가 반품도 할 수 없다는 조건을 썩 달갑게 여기지 않으셨다. 서로에게 이롭지 않은 거래 방식이라는 생각이 들었다. 그렇다면 동네 책방과 가까워지고 싶다는 나의 마음은 어떻게 해야 할까. 아직까지 답을 잘 못 찾겠다. 다만 새 책이 나오면 저자와 동네 책방 독자와의 만남을 주선하기 위해 노력한다. 틈나는 대로 지역 책방에 들러 인사를 나눈다. 한번 인사를 나눈 곳과는 어떻게든 관계를 이어 나가기 위해 할 수 있는 만큼 노력한다. 하지만, 이 모든 노력보다 더 확실한 방법이 있다는 걸 모르지 않는다. 독자들에게 매력적인 책을 꾸준히 출간하는 것. 대형 서점이든 동네 책방이든 독자들이든 출판사 주변에 포진한 모든 존재와 애틋하고 두터운 관계를 만들어 나가는 건 결국 어떤 책을 만들어 내느냐에 달려 있다. 말하자면 그것만이 출판사가 사는 길이다.

작은 출판사 차리는 법
: 선수 편집자에서 초짜 대표로

2020년 4월 4일 초판 1쇄 발행

지은이
이현화

펴낸이 | **펴낸곳** | **등록**
조성웅 | 도서출판 유유 | 제406-2010-000032호(2010년 4월 2일)

주소
경기도 파주시 책향기로 337, 301-704 (우편번호 10884)

전화 | **팩스** | **홈페이지** | **전자우편**
031-957-6869 | 0303-3444-4645 | uupress.co.kr | uupress@gmail.com

페이스북 | **트위터** | **인스타그램**
facebook.com | twitter.com | instagram.com
/uupress | /uu_press | /uupress

편집 | **디자인** | **마케팅**
전은재, 조은 | 이기준 | 송세영

제작 | **인쇄** | **제책** | **물류**
제이오 | (주)민언프린텍 | (주)정문바인텍 | 책과일터

ISBN 979-11-89683-36-8 04080
979-11-85152-36-3 (세트)

이 도서의 국립중앙도서관 출판예정도서목록(CIP)은 서지정보유통지원시스템
홈페이지(seoji.nl.go.kr)와 국가자료공동목록시스템(nl.go.kr/kolisnet)에서
이용하실 수 있습니다.(CIP제어번호: CIP2020012847)